Martin Claßen
Sonnenplätzchen 1 a
8600 Bamberg
Tel. 0951-58090

High Life – Sportklettern weltweit

Heinz Zak
Wolfgang Güllich

high life

Sportklettern weltweit

Rother

Heinz Zak

Helden der Bohrmaschine

Freiklettern — anfangs belächelt, ist mittlerweile salonfähig als „Aussteige-Alibi" für Snobs. Dieses Enfant terrible des Alpinismus — räumt es doch mit aufgeweichten Bergsteigerklischees wie Heroismus und Idealismus gänzlich auf — erfreut sich zunehmender Popularität. Selbst der Alpinismus herkömmlicher Prägung scheint die neue Welle zu akzeptieren, seit er daraufgekommen ist, daß sich die Erfindung dieser faszinierenden Sportart allen möglichen antiken Bergsteigerfiguren in die Schuhe schieben läßt. Gewiß, schon vor x Jahren ist frei geklettert worden. Auch Kreativität und Bewegungsvielfalt sind seit den Anfängen Merkmale des Klettersports. Doch die nun aufstrebende Spielform beinhaltet mehr als das Zerren an Millimeterleisten, dynamische Schwungformen und die damit verbundene Steigerung der Schwierigkeit.

Zum Freiklettern gehört auch ein spezifischer Lebensstil, sagen die Medien. Ein Aussteiger muß man sein, der für das Klettern die Arbeit aufgibt, täglich stundenlang trainiert, und dennoch mit lockerer Einstellung, das heißt ohne Ehrgeiz und Verbissenheit, Erstbegehungen macht — Wunderkinder auf dem Weg zu Übermenschen?

Das Freiklettern hat gute Chancen, ein Liebkind unserer Gesellschaft zu werden: Mit Risikobereitschaft, Leistungsorientierung und unverkrampftem Lebensstil sind wir dreifach im Bonus. Die Massen haben neue Helden — und glücklicherweise tragen sie eine Bohrmaschine anstelle eines Maschinengewehrs. Ob wohl auch ich ein Held bin? Leider fehlen mir die besagten Bonuspunkte weitgehend. Ich möchte aber nicht sagen, daß ich einzig aus reiner Freude an der Bewegung zum Klettern gehe: Suchen wir nicht alle ein Medium, wo wir Ehrgeiz einsetzen und uns profilieren können? Letztendlich bedeutet Klettern für jeden etwas anderes. Je nach persönlichem Einsatz reicht die Palette von rein körperlicher Betätigung bis hin zur geistigen Auseinandersetzung. In diesem Buch wird von beidem noch die Rede sein.

Inflation des Abenteuers

Gehört das Unterwegs-Sein schon zum guten Ton beim Klettern? Weihnachten fährt man nach Finale, Ostern nach Buoux . . . Die Triebfeder dafür ist neben der Reiselust die Sehnsucht nach Abenteuern. Unsere Zivilisation ist für mich ein ständiges Wechselbad. Auf Reisen sehne ich mich nach ihren Annehmlichkeiten, verfluche das feuchte Biwak, das schlechte Essen; wieder zuhause bekomme ich Fernweh und werde des Wohlstandes überdrüssig, wenn ich mit vollgeschlagenem Bauch vor dem Fernseher liege und vor Frustration lustlos noch ein Stück Kuchen hinunterwürge.

Viele aber kommen enttäuscht von ihren Reisen zurück, es war nichts Besonderes . . . Vielleicht sind sie Opfer eines ruhmsüchtigen „Pioniers" geworden, der ihnen ein mittelmäßiges Gebiet als weltbestes Kletterdorado verkauft hatte; für viele ist es schwer, nach der Heimkehr die Erlebnisse nicht durch ein rosa Filter zu quetschen, wobei Probleme, Streit, Streß und Versagen ausgefiltert werden — Helden verlieren eben nicht! Im übrigen ist es auch ein Trugschluß, daß mit der Entfernung des Gebietes das Abenteuer größer würde. Mit steigender Exotik der Ziele bekunden manche nur ihre unbefriedigte Sehnsucht, deren Tribut sie nicht erfüllen können. Das Abenteuer beginnt nicht erst in China oder beim IX. Grad, sondern dort, wo man die eigene Norm verläßt, etwas riskiert, und Einsatz bringt.

Kletterer als Mannequins

Seit ich bergsteige, ist der Fotoapparat mein ständiger Begleiter in allen Unternehmungen. Nach den bekannten „Hinter-Ansichten" aus jeder Route folgte das obligatorische Gipfelfoto. Erst seit unserer Amerikareise bemühte ich mich um bessere „Erinnerungsfotos". Mit dem öffentlichen Interesse stieg auch mein persönlicher Anspruch. Heute bin ich nur noch mit sehr wenigen Bildern pro Jahr zufrieden. Mittlerweile glaube ich, daß nahezu jeder Knipser mit guter Fotoausrüstung den von Reinhard Karl beschriebenen Punkt X findet, von dem aus eine Route optimal dargestellt werden kann. Niemand wird nach dem unterschiedlichen Aufwand fragen, solange das Ergebnis das gleiche ist. Wichtiger als der Standort sind für mich Licht und Farben, mit denen ich gerne experimentiere. Um sich von der Masse zu unterscheiden, muß man intensiver an Gestaltung und Ausdruck arbeiten. Die Leidtragenden sind die Kletterer, die zunehmend als Mannequins fungieren. Mit reizvollen Verrenkungen zieren sie in buntschillernden Hosen die Landschaft, zeigen an Ruhepunkten schmerzverzerrte Gesichter, lassen an sinnlosen Stellen zur Simulation von Dynamik Füße oder Hände planlos in der Luft baumeln. Da ein Bild von einer schwierigen Route aber auch dokumentarischen Wert besitzt, lehne ich derartige Verfälschungen ab. Natürlich mache auch ich gestellte Bilder, versuche aber, den Charakter der Route zu erhalten — oder so offensichtlich zu verändern, daß es erkennbar wird.

Dieses Buch

ist eine aktuelle Bestandsaufnahme einer faszinierenden Sportart. Der Aufbau entspricht der historischen Entwicklung des Freikletterns: Ausgehend vom Elbsandstein wurde die Idee des Freikletterns über England in die USA getragen. Erst von dort griff sie auf andere europäische Länder über. Heute umfaßt dieser Sport alle Kontinente, was wir mit exotischen Zielen wie Australien und China dokumentieren wollten. Je nach ihrer Bedeutung für die „Szene" wurde den einzelnen Ländern mehr oder weniger Platz eingeräumt. Die Bilder dieses Bandes zeigen den gegenwärtigen Leistungsstandard im Klettern. Dennoch ist weder ein vollständiger Führer zu den entsprechenden Gebieten entstanden noch eine Bibel für Ethik und Moral, wenngleich wir versucht haben, vornehmlich Artikel von Persönlichkeiten aufzunehmen, die durch ihre sportlich-faire Einstellung neue Maßstäbe gesetzt haben.

◀ Heinz Zak im „North Overhang" in Joshua.

◀ Wolfgang Güllich bei der ersten Alleinbegehung des Sechs-Meter-Rißdaches „Separate Reality" (5.11d) im Yosemite Valley.

Malerische Felslandschaft des Hoggar-Gebirges in der Sahara. ▶

Klettereien in bestem Kalk bieten die Klippen von Pembroke, England. ▶

Inmitten der australischen Wüste erheben sich die roten Sandsteindome der Olgas und des Ayers Rock. ▶

Einen Ausflug ins Märchenland erlebt man im Steinwald von Kunming, China. ▶

DDR

Seit zwanzig Jahren gilt Bernd Arnold als der „Meister" des Elbsandsteins. Und er ist es auch. Unglaublich, daß jemand so lange den extremen psychischen Anforderungen, die Elbsandsteinrouten an Kletterer stellen, gewachsen ist. Trotz der hemmenden Kletterregeln konnte Bernd jährlich seine Leistungsfähigkeit steigern.

Bernd Arnold

Elbsandstein — an der Quelle des Freikletterns

Heute können wir sagen, überall wo es Felsen gibt — und seien sie auch noch so klein — gibt es den Klettersport. Diese Sportart hat in den letzten Jahren einen großen Aufschwung genommen, was die Leistungen aber auch die Zahl der Aktiven betrifft. Der Klettersport ist jetzt Hochleistungs- und Volkssport zugleich.

Ich bin schon etwas stolz darauf, daß die Wiege dafür gerade in meiner Heimat stand: 1874, mit der ersten hilfsmittellosen Besteigung des Mönchsteins im Rathener Gebiet des Elbsandsteingebirges, über den Ostweg (III) durch O. Ufer und H. Frick, schlug die Geburtsstunde. Der bewußte Verzicht auf künstliche Hilfsmittel, das Wie der Besteigung, Klettern um des Kletterns willen, war hierbei ausschlaggebend. (In Entsprechung dazu begann das englische Mittelgebirgsklettern 1882 durch Haskett Smith.)
Durch die Pioniertaten Oscar Schusters und des ihn umgebenden Freundeskreises (Gebrüder Meurer u. a.) erfuhr die klettersportliche Betätigung um 1890 den sportlichen Zuschnitt. Dafür stehen solche Routen wie Falkenstein-Schusterweg (III) und Meurerturm-Südweg (IV).

Nach einem erfolgreichen Klettertag feiert Bernd Arnold (rechts) mit seinen Freunden. So manchem „Körndlfresser", der nach seinem Trainingsplan um halb neun Uhr ins Bett muß, würden hier die Augen übergehen: rohes Fleisch zum Frühstück, abends reichlich Bier und Zigarren.

In diese Zeit sind auch die Gipfelbesteigungen von Bloßstock und Brosinnadel einzureihen. Der endgültige Schritt zum Sächsischen Felsklettern wurde nach 1900 insbesondere durch die Initiative von Rudolf Fehrmann, der unmittelbar auf der sportgeistigen Haltung von Oscar Schuster aufbauen konnte, getan.
Die Formulierung der Grundsätze für das Felsklettern in Sachsen, 1913 durch Fehrmann, schuf die Voraussetzung für die Eigenständigkeit und die Entwicklung dieser Richtung des Bergsports bis in unsere Tage: Künstliche Hilfsmittel bei der Überwindung der Schwerkraft werden abgelehnt. Auf dieser Grundlage setzte sich die klettersportliche Erschließung fort. — Aus dieser Zeit zwei verschiedene Eindrücke.

◄ Jörn Beilke im „Pferdefuß" (Xb), Teufelsturm. Die perfekte Reibung des Sandsteins ermöglicht diesen Weg.

◄ Bernd Arnold in seiner Route „Buntschillernde Seifenblase" (IXc), Falkenstein.

▼ O. P. Smith in seinem Auto.

Gestern war ein Tag für mich, den ich niemals vergessen werde. Herr Hünig und ich begaben uns in das Schrammsteingebiet, wo Herr Hünig den Torwächter als erster bestieg. Dann bestiegen wir zusammen die Jungfrau und kletterten sofort alle beide.
Hünig führte und ich folgte dicht hinter ihm, um ihn zu unterstützen.
Drei Meter vor dem Gipfel standen wir zusammen in kleinen Fußtritten, mit glattem Fels vor uns und nicht das Geringste für die Finger zum Greifen.
Der Gipfel wurde erreicht, indem ich Hünig über den glatten Fels schob, bis er die Spitze mit den Fingern erreichen konnte. Baudisch, ein anderer sehr feiner Kletterer, kam in guter Form nach.
Erste Jungfraubesteiger: Walter Hünig, Oliver Perry Smith, Walter Baudisch, — Hurra!
Die Jungfrau ist der schwerste Felsen, der bis jetzt erstiegen wurde.
(Oliver Perry Smith)

Jahre sind's nun geworden, seit ich zum ersten Male als Bergsteiger die weltfremden Felsen unserer Sächsischen Schweiz durchstreifte, und nimmer überdrüssig bin ich seitdem zu allen Zeiten hinausgezogen, sei es nachdenklich, träumerisch, allein oder in dem freudigen Gefühle, einen alten, lieben Gefährten an der Seite zu haben.

So habe ich's seitdem gehalten, immer mit derselben kindlichen Freude an den Wald- und Felsbildern, unbekümmert, ob die Julisonne die Heide ausdörrte oder ob der Winter seinen weichen, weißen Mantel übers Land schlug.
Halten mich dann lange Zeit die dumpfen Mauern der Großstadt in ihrem Bann, dann überkommt mich gar oft ein verzehrendes Heimweh nach den Bergen, da zaubert die Phantasie aus der Vergangenheit tausend liebgewordene Bilder herauf, umstrahlt von dem goldigen Glanz, den die Erinnerung über ihre Gebilde gießt.
Da höre ich wieder, wie der Wind durch die Kiefernkronen rauscht und sehe, wie er die rötlichen Stämme hin und her wiegt. Und ich sehe mich, wie ich an der ausgeglühten Felswand hänge oder wie ich am Abend nach dem Siege über das „große Problem" am Fuße der Felsen sitze in jener feierlich-friedlichen Stimmung, die für einige Zeit den ewigen Kampf im Menschenherzen ruhen läßt und es erfüllt mit wonniger Zufriedenheit.
(Rudolf Fehrmann)

Beide Schilderungen, so unterschiedlich sie auch sind, stehen dafür, daß die „Alten", unsere Vorreiter, mit dem gleichen Engagement wie wir den Sport betrieben haben und gleichzeitig für die Vielfalt des Erlebnisses offen waren. Diese Herren müssen einfach unsere volle Bewunderung haben. Ihre Taten stehen denen der Gegenwart nicht nach, hatten sie doch eine ungleich geringere Basis. Der Stab, die Suche nach dem intensiven Erlebnis in der klettersportlichen Leistung, wurde über Generationen weitergegeben.
Interessant ist in diesem Zusammenhang, daß der Gedanke des Sächsischen Felskletterns eigentlich auf alle Klettergebiete der Welt teils direkt oder über Umwege übergriff.
Eindeutig ist seine Ausstrahlung auf die amerikanische Kletterszene durch Fritz Wiessners Vorbildwirkung. Hier wurden die Gedanken weitergeführt und ab 1976, neu aufbereitet, von amerikanischen Kletterern nach Sachsen zurückgebracht — eine Art Synthese, um die sich wiederum der alte, junge Mann Fritz Wiessner besonders verdient gemacht hat.

Bernd Arnold in seiner schwersten Route, „Traum und Wirklichkeit" (Xc), am Heringstein. Vierzig Meter hoch führt diese seichte Rißspur, die eine ausgefeilte Riß- und Klemmtechnik erfordert.

Inzwischen ist der Kreis junger, sportlich orientierter Kletterer schon recht groß. Neue Betätigungsfelder sind nicht in Sicht. Die Massivwände sind nach wie vor tabu. Die Abstände zwischen den Routen werden immer enger, ja sie scheinen oft schon das Maß des ästhetischen Empfindens zu unterschreiten.
Um die Charakteristik des Elbsandstein-Kletterns (physische und psychische Belastung) zu erhalten, reglementierte die Zentrale Fachkommission Felsklettern der DDR im August 1984 die Abstände der Sicherungsringe. Somit darf der Abstand zwischen zwei Ringen drei Meter nicht unterschreiten und der Abstand zwischen drei Ringen muß mindestens 7,5 Meter betragen — eine notwendige, aber in ihrer Auslegung zu starre Regelung. Die sportliche Steigerungsfähigkeit im Elbsandstein dürfte deshalb vorerst im konsequenten Umsetzen des Rotpunkt-Gedankens zu sehen sein, wobei durchaus mit den schon vorhandenen Routen innerhalb dieses Gebietes eine neue Qualität erreicht werden kann.

Bernd Arnold

Traum und Wirklichkeit

Etwas pathetisch klingt der Titel schon, dahinter verbirgt sich ein Kletterweg, der mir mit meinen Freunden im Sommer 1986 gelang. Vor etwa zwanzig Jahren eröffneten wir unsere ersten Neutouren an diesem Berg. Damals fiel mir diese vierzig Meter lange, überhängende, seichte Rißspur in der Südwestseite dieses stattlichen Sandsteinberges erstmals auf. Als Naturwunder erschien sie mir damals selbstverständlich, als Kletterziel unmöglich. Vorbei kam ich alle Jahre, grüßte freundlich und freute mich am Unmöglichen. Ja, ich freue mich und freue mich immer wieder an noch Un-

Elbsandstein

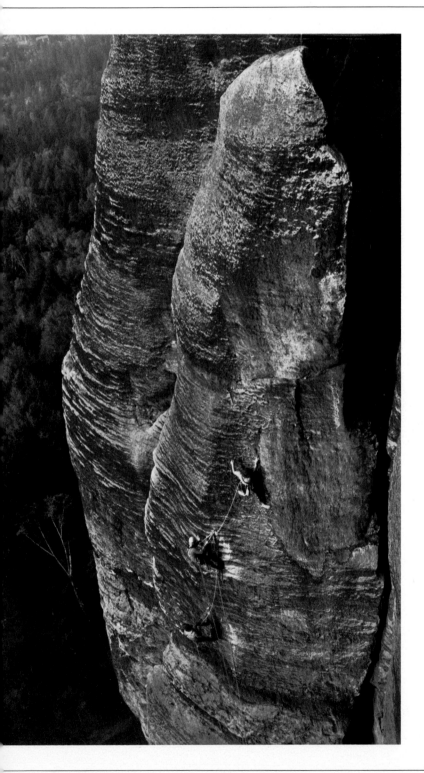

möglicherem. Im Hinterkopf existiert dabei der Gedanke, das wirklich Unmögliche zu bewahren.
Klettern, Informationen, Freunde, aktives Leben und Training, über Zeiträume hinweg. Wir, meine langjährigen Seilgefährten und Freunde Günter, Gisbert, Gottfried, Heinz, Gerhard und ich schauten, den Kopf im Nacken, und zerlegten dabei den Fels in Bewegungen.
Im Detail würde die Lösung liegen, die Macht des Gesamteindrucks durfte den Gedanken nicht zerstören. Die Versuche gaben uns recht. Nicht immer gewann ich Meter, mußte am schon erreichten Punkt umkehren, einmal sogar tiefer. Das war im Zeitraum der Erkrankung meines Vaters — meine Gedanken waren nicht frei gewesen.
Jetzt bin ich reif, so glaubte ich. Trotzdem konnte ich mich nicht entschließen einzusteigen. Lange sitze ich noch herum, erwäge schon eine andere Route in der Nordseite des Berges. Zureden, Start, nichts fällt mir zu, das Gewicht des Körpers zerrt an den Fingern. Spärlich sind die Hand- und Fingerklemmer in der Rißspur. Meist hangelt man die runden Kanten, den Körper nach der Seite verlagernd, an. Die Unebenheiten der Wand helfen den Füßen, ein Wegdrehen zu verhindern. — Dieses Gefühl weiterzuklettern, nicht zu stürzen, doch wieder! Die Lösung habe ich schon, neuer Anlauf. Endlich stehe ich darüber, komme zur Ruhe. Mühsam wird eine Knotenschlinge untergebracht, sie wird halten, Konzentration, neuer Anlauf.
Keine Schlüsselstelle: Der Schlüssel steckt im Fels über vierzig Meter verteilt.
Ein Schlüssel, den Augenblick zu erleben, dem wir oftmals wochenlang hinterherlaufen, trotz Vorbereitung und Training . . .

Bernd Arnold im Westpfeiler, Falkenstein.

Bernd Arnold in der kniffligen Schlüsselstelle seiner Route „Lustgarten" (Xb).

Bernd Arnold

Klettersport — was ich dazu zu sagen habe

Hier bin ich, es geht nicht anders, ich muß klettern. Eine einfache Sache: Der Klettersport erschließt mir die Möglichkeit, mich meiner Umwelt mitzuteilen und Kontakte herzustellen. Gleichzeitig ist er eine Art Gehhilfe bei der Bewältigung der Probleme des Lebens. Der Fels ist dabei ein Freund. Der Kampf geht immer gegen mich selbst.

Das Klettern (im weiteren Sinne der Bergsport überhaupt) verlangt Sensibilität, schöpferische Einstellung und die Summe aus geistiger, seeli-

scher und körperlicher Kraft. Aus dieser Situation entwickeln sich ständig die sportlichen Fähigkeiten und die menschliche Qualität der Kletterer. Eine Wichtigkeit in unserer oft an Flachheiten reichen Zeit.

Der Klettersport ist für mich Natursport. Die Felsen, ein Stück Natur, sind im Gegensatz zu anderen „Sportgeräten" immer differenziert. Diese Verschiedenartigkeit betrifft die Landschaft, in die sie gestellt sind — und die ihren Einfluß auf den Kletterer ausübt — genauso wie die Entwicklung der einzelnen Klettergebiete selbst. Vor allem aber betrifft die Differenzierung den Fels selbst mit der Vielfalt der Bewegungsabläufe, die er erfordert und die in sich immer etwas Einmaliges darstellen.

Elbsandstein

Klettern sollte deshalb naturgemäß immer von unten nach oben vor sich gehen. Das bedeutet, daß Kletterwege eigentlich von unten zu erschließen sind.
Werden Touren von oben eingeübt und mit Sicherungen versehen, so wird eine Art Selbstbetrug begangen: Der Kletterer tangiert hier den Turner und somit eine andere Sportart. Natürlich kann man mit dieser Praxis sofort in höheren Schwierigkeitsbereichen klettern — aber ist das auf diese Weise notwendig?
Gibt es doch den normalen Weg zu diesen Leistungsbereichen: mit höheren Anforderungen und ungleich länger.
Eine Route im IX. Grad von unten erstbegangen, dürfte für die Kletterwelt ungleich wertvoller sein als eine von oben eingeübte Xer Tour.
In diesem Zusammenhang ist es auch bedauerlich, daß sich das Interesse vieler Kletterer ausschließlich auf den Schwierigkeitsgrad einer Route beschränkt.
Dabei bleibt der Weg in seiner Gesamtheit, als Kunstwerk vielleicht, und die Stilform der eigenen Begehung einschließlich des möglichen Erlebnisses, unbeachtet.
Die „Nummer" ist alles.
Wenn der XI. Grad über eine Jauchegrube erreichbar wäre, würden viele, so bedauerlich es scheint, keinen Moment zögern . . .
Überspitzte Sportlichkeit mündet in ungesunden Egoismus, der Seilzweite, ein Baustein zum Erfolg, wird immer öfter zur Sicherungsmaschine umfunktioniert.
Der Klettersport ist etwas Paradiesisches für mich. In ihm fließen alle Möglichkeiten, die wir Menschen haben, zusammen. Die höchste Form dürfte sich für jeden Kletterer in der *solo-on-sight*-Begehung (wie man jetzt sagt), innerhalb des eigenen Leistungsbereiches, ausdrücken.
Es ist wunderbar, daß wir das noch können.

Heinz Zak

Nervenkrebs — Bernd Arnold bei einer Erstbegehung

Das Team ist startklar. Günther Lamm, Bernds langjähriger Gefährte, hängt in einer Sanduhr auf einem zwei Meter breiten Band, 19 Meter über dem Boden. Gottfried, der heute die Rolle des Materialmannes übernommen hat, sitzt daneben. Der Meister überprüft kurz Schlingen und Knoten, putzt sich die Füße und klettert barfuß in einen Überhang. Ungesichert kommt er in schwerem Gelände fünf Meter über das Band hinaus und steuert auf ein flaches Loch zu. Dort hofft er, eine Sicherungsmöglichkeit zu finden. Das Loch ist seicht — Bernd stopft einen Knoten hinein, den er nur

Bernd Arnold bei einem Erstbegehungsversuch am Heringstein.

nach rechts belasten darf, bei gerader Belastung oder gar einem Sturz wäre die „Sicherung" nichts wert. Prüfend schaut Bernd nach oben, checkt die glatte Wand nach Sicherungsmöglichkeiten ab. Unschlüssig diskutiert er mit seinem Team über das weitere Vorgehen. Er wagt einen Versuch — mir wird fast übel vom Zuschauen, als er zehn Meter über dem Band eine offensichtlich harte Stelle klettern muß, die eine Umkehr ausschließt. Die vermeintliche Sicherung erweist sich als Attrappe. Spätestens hier wären meine Nerven ausgefallen — Blackout oder Panik. Gelassen versucht Bernd, einen Knoten zu legen. Erfolglos! Auch ein zum Skyhook umfunktionierter Karabiner will nicht halten, die Sandsteinschale bröselt ab. Links oder rechts je einen Zangengriff haltend, beginnt Bernd abwechselnd die Arme zu schütteln. „Jetzt wird es kritisch", bemerkt er kurz. Er nimmt den Bohrer in den Mund, setzt den Hammer an und versucht so, den Bohrer in den Fels zu treiben. Erfolglos! Bernd schüttelt jetzt immer öfter, seine Füße beginnen auf den abschüssigen Tritten zu schmieren. Der letzte Ausweg wird in Angriff genommen: den Bohrer mit der Hand drehen, den harten Sandstein soweit bearbeiten, bis der Bohrer stecken bleibt. Das Schütteln wird nun hastig, die Füße beginnen leicht zu zittern. Nach zwanzig Minuten steckt der Bohrer, Bernd kann sich in eine Schlinge setzen. Nach weiteren zwanzig Minuten sitzt der Ring, eine hundertprozentige Sicherung. Ein weiterer Vorstoß endet mit einem Sturz — für heute langt's. Auch ich habe genug und getraue mich an diesem Tag nichts mehr vorzusteigen ...

Im Elbsandstein werden Sprünge mit einer eigenen Skala bewertet (1 bis 4), die Weite und Gefährlichkeit des Sprunges berücksichtigt. Georg Walch springt hier über die zwanzig Meter tiefe Schlucht zwischen Wolfsfalle und Massiv (2. Grad).

Bernd Arnold

Das Elbsandsteingebirge

Für die Felsenwelt an der Elbe wird auch oft die Bezeichnung „Sächsische Schweiz" benutzt.
Dieser Name wurde um 1766 von den beiden Schweizern Adrian Zingg und Anton Graff geprägt. Beide wurden damals an die Dresdner Kunstakademie berufen und waren von der Schönheit und Romantik dieser Landschaft fasziniert. Deren Existenz verdanken wir den Sandablagerungen eines Meeres der Kreidezeit vor etwa einhundert Millionen Jahren. Gebirgsbewegungen und Verwitterung schufen das jetzige Landschaftsbild.
Der größte Teil (deutscher Teil) des Elbsandsteingebirges erstreckt sich von Pirna (etwa zwanzig Kilometer östlich von Dresden) beidseitig der Elbe in östlicher Richtung bis zur Grenze DDR-ČSSR, von Hohnstein im Norden bis zum Rand des Erzgebirges im Südwesten. Das Elbtal mit den links und rechts davon aufragenden Tafelbergen Lilienstein, 416 m, Königstein, 361 m, Pfaffenstein, 429 m, Papststein, 451 m, und den Zschirnsteinen, 562 m, gibt der Landschaft das Gepräge. Im Detail sind es tief eingeschnittene Täler und Schluchten, die meist beidseitig von Felsabstürzen (Quadersandstein) begrenzt sind. Die Sächsische Schweiz ist erklärtes Landschaftsschutzgebiet. Einige Teile wurden sogar zum Naturschutzgebiet erhoben.
Die Besonderheit dieses Sandsteingebirges aber ist die Vielzahl der freistehenden Felstürme und Nadeln. Sie sind gleichzeitig die Kletterziele, ihre Höhe beträgt zwischen zehn und einhundert Meter. Für die meisten Menschen, die diese Felsenwelt aufsuchen, verschmilzt das klettersportliche Erlebnis mit dem Eindruck landschaftlicher Schönheit zu einem

Morgennebel im Gebiet von Rathen. Der Herbst ist die schönste Jahreszeit im Elbsandstein.

Elbsandstein

Ganzen. Einer meiner Freunde definierte das sächsische Felsklettern als eine „Herausforderung der Landschaft".

An den vorhandenen 1100 Klettergipfeln wurden bisher etwa achttausend verschiedene Aufstiege in der Schwierigkeit I bis X c (Elbsandsteinskala) eröffnet. Die bedeutendsten Ersttouren der letzten Jahre liegen naturgemäß im oberen Schwierigkeitsbereich. „Sinnvolle" Neutouren, das sind Wege großer Linie, von hohem klettertechnischem Reiz und Einfügung ins Landschaftsbild, werden seltener. Diese Situation verlangt, besonders für die folgenden Generationen, neue Aufgaben. Doch Aufgaben sind eine Frage der Zielsetzung. Für die Zukunft tut sich ein weites Feld der klettersportlichen Stimulanz in der konsequenten Umsetzung des Rotpunktgedankens (Durchsteigen vorhandener Kletterwege über die längstmögliche sinnvolle Strecke ohne Ruhepunkte) auf. Das Wie (durchdacht, begriffen und in ästhetische Bewegung umgesetzt), wird hierbei eine noch größere Bedeutung erlangen.

Die Besonderheiten

Sie sind mit dem Vorhandensein genau definierter und schriftlich fixierter Kletterregeln und dem daraus resultierenden eigenen Sicherungssystem genannt. Jeder Sport hat seine Spielregeln, sie bilden den Rahmen und gewährleisten den Vergleich des Erreichten.
Es ist auch natürlich, daß dort, wo Regeln im Sinne von Ordnung wirken, von manchem Ordnungshüter übertriebene Ordnung erzeugt wird. Das ist ein durchaus bekannter Umstand, aber trotzdem nur Randerscheinung einer guten Sache.

Bernd Arnold in „Über den Wolken" (IX b).

Einige wichtige Regelauszüge:

- Der Kletterer hat die auf ihn wirkende Schwerkraft mit eigener Körperkraft an natürlichen Haltepunkten zu überwinden.
- Die Felsoberfläche darf nicht verändert werden, mit Ausnahme des Schlagens von Sicherungsringen (nur bei Erstbegehungen).
- Kletterwege, die ganz oder teilweise mit Sicherung von oben durchstiegen werden, können *nicht* als Begehung Anerkennung finden.
- Die Sicherung des Kletterers erfolgt durch Seilschlingen, die im Bereich des Kletterweges gelegt werden, und durch Sicherungsringe (vom Erstbegeher angebracht).
- Die Anwendung von Klemmkeilen und Magnesia ist verboten! Bei deren Verwendung verstößt man nicht nur gegen geltende sportliche Regeln, sondern auch gegen die 1. DVO zum Landeskulturgesetz vom 14. 5. 1970 § 9, Ziffer 2 (Ordnungsstrafe bis 200 Mark möglich).
- Ein weiteres Verbot betrifft das Klettern bei Regen oder unmittelbar danach. Bei der Auslegung dieses Verbotes sollte jeder eigenverantwortlich (sich und dem Fels gegenüber) handeln.

Durch das *Klemmkeilverbot* wurde dem sächsischen Felsklettern ein großer Teil der Eigenständigkeit erhalten. Die Kletterwege bewahren somit ihren ursprünglichen Charakter.
Die Sicherungspunkte sind, wie schon angedeutet, die Sicherungsringe (stationär) und die variabel verwendbaren Seilschlingen (verschiedenste Knotenschlingen, Zacken- und Sanduhrschlingen, Bandschlingen). Alle Aufstiege sind mit diesen Mitteln ausreichend abzusichern. Tatsächliche ungesicherte Wege wurden nachträglich mit Sicherungsringen ausgestattet.

Das richtige Legen der Sicherungsschlinge verlangt aber einige Erfahrung in ihrer Handhabung. Deshalb an dieser Stelle der Tip, als Hilfsmittel zum optimalen Legen und Entfernen der Sicherungsschlingen (insbesondere Knotenschlingen) ein Stöckchen aus Fiberglas oder Holz mitzuführen.

Bernd Arnold

Die zwölf Klettergebiete

Im neubearbeiteten Kletterführer „Elbsandsteingebirge" (von Dietmar Heinicke), der in drei Bänden erschienen ist, wurden zwölf Gebiete untergegliedert, und zwar Wehlen, Rathen, Brandgebiet, Schrammsteine, Schmilka, Affensteine, Kleiner und Großer Zschand, Wildensteiner Gebiet, Hinterhermsdorf, Gebiet der Steine und Bielatal.

Rathener Gebiet

Als Ausgangspunkte am geeignetsten ist der Kurort Rathen oder der Parkplatz in der Nähe der Bastei (192 Meter über Elbspiegel). In der Saison wird dieses Gebiet von Menschen (Wanderern und anderem Fußvolk) überschwemmt.
Die bedeutendsten Klettergipfel sind die Gansfelsen, Mönch, Höllenhund, Wehltürme, Talwächter und Lokomotive. Vielseitiges Klettern in allen Techniken, Wand oft brüchig.

Brandgebiet

Am günstigsten von Hohnstein (Kleinstadt zwischen den Kreisstädten Pirna und Sebnitz gelegen) zu erreichen. Am häufigsten ist hier Reibungs- und Wandkletterei (kleine Griffe), da-

Dreifingerturm

neben sind einige wenige glatte Risse anzutreffen.
Bedeutende Kletterfelsen sind Kleiner und Großer Halben (besonders fester Fels), Panoramafelsen und Brandkegel.

Schrammsteine

Ausgangspunkte sind die Schrammsteinbaude oberhalb von Postelwitz oder die Ostrauer Mühle im Kirnitzschtal. In diesem Gebiet steht der bedeutendste Kletterfelsen der Sächsischen Schweiz, der Falkenstein.
Doch Hoher Torstein, Schrammtorwächter oder Meurerturm sind für den Betrachter ebenso schön anzusehen. Die Kletterwege sind meist sehr lang (40 bis 80 m) und erfordern alle Techniken, oftmals ist Riß und Reibung kombiniert.

Gebiet der Steine

Hierin sind alle Kletterfelsen der Tafelberge zusammengefaßt, wobei der Pfaffenstein mit seinen Gipfeln das klettersportliche Zentrum darstellt. Man erreicht ihn am günstigsten vom Parkplatz in Pfaffendorf. Am Pfaffenstein steht auch die berühmte Felsgestalt, die Barbarine. Sie gilt als Naturdenkmal und darf nicht bestiegen werden.
Große Klettergipfel sind hier der Nordturm, Zwilling und Förster. Der Fels ist meist fest und gewährt eine gute Reibung.

Bielatal

Der geeignetste Ausgangspunkt, um hier zu klettern, ist die Ottomühle (Ende der Fahrstraße). Es dominiert Wandkletterei mit festen kleinen Felsleisten an bizarren Felsnadeln.
Die Haupttürme sind Verlassene Wand, Grenztürme, Wiesensteine und Schiefer Turm.

Schmilkaer Gebiet

Ausgangspunkt ist der Ort Schmilka, Grenzübergangsstelle zur ČSSR. Das Gebiet umfaßt mehrere große Felskessel, unter anderem Rauschengrund, Heringsgrund und die Türme an den Elbwänden. Lange Aufstiege in allen Techniken in meist festem Fels sind charakteristisch. Die großen Gipfel sind Teufelsturm (einzigartige Felsgestalt), Rauschenstein, Fluchtwand und Schwarzes Horn.

Affensteine

Die Haltestelle der Kirnitzschtalbahn „Nasser Grund„ oder „Beuthenfall" (nach Parkmöglichkeit) dienen als Ausgangspunkt. In diesem Gebiet stehen so markante und begehrte Klettergipfel wie Bloßstock, Kreuzturm, Brosinnadel und viele andere. Der Fels ist fest, es gibt viele lange Kamine und Risse, in neuerer Zeit natürlich auch extreme Wandkletterein.

Kleiner Zschand

Ausgangspunkt hierfür ist die Felsenmühle im Kirnitzschtal. Von hier erreicht man in einer Dreiviertelstunde die Felsen.
Hauptgipfel sind Heringstein, Bärenhörner und das Hintere Pechofenhorn. Sie bauen sich über großen Waldgebieten auf. Die Kletterei beinhaltet alle Techniken in meist festem Fels.

Großer Zschand

Ein räumlich sehr ausgedehntes Klettergebiet, zu erreichen von der Neumannmühle im Kirnitzschtal (Anmarsch bis zu zwei Stunden) oder von Schmilka, Fußmarsch über den Großen Winterberg (1¼ bis 2½ Stunden). Dieses Klettergebiet wird wegen seiner Abgeschiedenheit weniger besucht. Wand- und Rißkletterei in teilweise brüchigem Fels sind vorherrschend.
Bedeutende Kletterziele sind Goldstein, Großes Spitzes Horn, Jortanshorn und Sommerwand.

Wildensteiner Gebiet

Mehrere verstreut stehende Felsengruppen wurden hierin erfaßt. Am häufigsten wird der neue Wildenstein (hier befindet sich das große Felsloch, das als „Kuhstall" bekannt geworden ist) mit seinen Gipfeln Zyklopenmauer und Neue Wildensteinwand aufgesucht. Man erreicht sie vom Lichtenhainer Wasserfall (Endstation der Kirnitzschtalbahn) ausgehend.

Lohnende Klettereien

Die nachstehend dargestellten Kletterwege sollen symbolisch für alle stehen. Die Auswahl hierfür fiel mir nicht schwer, da diese Aufstiege für meine Begriffe tatsächlich mit Aufstieg auch im übertragenen Sinn in Zusammenhang zu bringen sind.

Höllenhundspitze, Talweg, 8a
(21. 9. 1955, Dietrich Hasse, Rolf Weigand)

Dieser Felsturm ist ein Prunkstück im Rathener Klettergebiet. Ältere Kletterführer sagen darüber aus: „... mächtige Felswand mit auffallender Südwand im Raaber Kessel". An ihr versuchte sich schon 1916 Emanuel Strubich. Der dabei entstandene Weg war für die Zeit das Mögliche. Seit damals gab es viele Versuche in dieser Wand. Die Tat spricht für die Erstbegeher. Heute eine Genußkletterei in sechzig Meter steilem Fels. Die Griffe sind meist Löcher und Zangen. Zur Sicherung stecken drei Ringe — aber keine Bange, dazwischen lassen sich viele gute Sanduhrschlingen anbringen.

Ein klassischer Weg ist die Westkante am Falkenstein (7c); Bernd Arnold klettert sie im Alleingang.

Falkenstein, Direkte Westkante, 8 b
(27. 7. 1956, Wulf Scheffler, Fritz Scheffler)

Am bedeutendsten Klettergipfel des Elbsandsteingebirges kann man natürlich nicht vorbei gehen und dann gibt es hier, neben einer Vielzahl von etwa fünfundsiebzig verschiedenen Wegen und Varianten, die Westkante. Schon die Alte Westkante von Otto Dietrich (7 c) aus dem Jahre 1920 ist etwas Besonderes.
Doch wer ihrer Schwierigkeit gewachsen ist, muß die Kante natürlich an der Direkten klettern.

Hierbei verbinden sich interessante Kletterbewegungen mit dem Gefühl von Luftigkeit bei trotzdem guter Sicherung. Und wer es noch direkter haben will, muß über den Drachenrücken (8 c).

Meurerturm, Westwand, 8 b
(11. 9. 1949, Harry Rost, Herbert Wünsche, Harry Schöne)

Der Meurerturm bildet mit dem Vorderen Torstein die südlichen Eckpfeiler der Schrammsteinkette über dem Elbtal. Es war der erste Weg durch diese Wand, und er verkörperte bis in die sechziger Jahre das Nonplusultra des sächsischen Klettersports. Auch heute noch findet eine Begehung hohe Wertschätzung, denn neben den körperlichen Anforderungen ist große nervliche Bereitschaft erforderlich.
Der Einstieg befindet sich fünfzig Schritt oberhalb des Elbleitenwegs. Ein Handriß von etwa dreißig Metern, dann zwanzig Meter Kletterei an plattigen Griffen, mit nur zwei Sicherungsringen. Die Schlüsselstelle eine fünf Meter lange nach rechts ansteigende Wandpassage, mit einer Platten- und Knotenschlinge abgesichert.
Mit den Jahren gliche auch diese Wand einem Strickmuster, würde man alle Routen einzeichnen, doch die hohen psychischen Anforderungen haben den alten Standard erhalten.

Schwager, Talweg, 8 c / 9 a ohne Unterstützung
(31. 8. 1952 Harry Rost, H. Wünsche, H. Schöne u. Gef.)

Auf der Nordseite der Schrammsteine, zwischen Hohem Torstein und Müllerstein, durchzieht ein Riß die breite Talseite des Schwagers. Am Einstieg ein Fingerriß, am Gipfel Kamin, dazwischen die übrigen Rißbreiten garniert mit zwei dachartigen Überhängen.

Die Unterstützungsstellen von einst, damals notwendig, dürften nunmehr keine Anwendung mehr finden. Die technischen Schwierigkeiten liegen im unteren Teil, bis über das zweite Dach mußt du kommen, dann wird der Riß harte Arbeit (größtenteils Faustriß). Vom zweiten Ring ist es noch ein weiter Weg zum Gipfel. Und fragt man selbst heute noch die sächsischen Kletterer nach *der* Rißkletterei, so gibt es nur eine Antwort: Talweg am Schwager!

Großer Wehlturm, Superlative, 9 c
(27. 5. 1977 Bernd Arnold, G. Lamm, G. Ludewig und Gef.)

Natürlich gibt es im Elbsandstein extrem schwierige Routen. Wie überall, so drehen auch hier die Kletterer an dieser Schraube. Doch in unserer so schnellebigen Zeit erscheinen mir für Musterkollektionen der vorliegenden Art gestandene Dinge am geeignetsten. Neunzig Meter ragt die Nordostwand des Großen Wehlturmes senkrecht aus dem Waldboden des Wehlgrundes. Die Wand lockt dich, du kletterst an besten Griffen, immer nur für wenige Meter zieht die Schwierigkeit an. Doch über dem sechsten Sicherungsring mußt du Farbe bekennen, losklettern und wach sein; das Ziel sind die großen Platten zehn Meter über dir.

Diese Wand hat inzwischen auch ihr eigenes Strickmuster, und der Grad 9 c ist hier schon eingereiht.

ENGLAND

Seit etwa einem Jahrzehnt zählt Chris Gore zu den erfolgreichsten englischen Kletterern. Neben harten Erstbegehungen in England gelangen ihm auf Reisen in die USA, Frankreich und Japan schwierigste Wege. Chris lebt mit den englischen „hotshots" A. Pollit, B. Moon und M. Atkinson in einem kleinen Haus in Sheffield. Eine tolle Sache, daß „Konkurrenten" so gut miteinander auskommen und sich gegenseitig motivieren! Chris setzt seinen klugen Kopf nicht nur im Fels ein, sondern auch am Schreibtisch. Seine objektiven und kritischen Artikel finden überall Anklang.

Chris Gore

Klettern in England — wie es dazu gekommen ist

Der Begriff „Bergsteigen" umfaßt sowohl das Felsklettern wie auch das Alpinklettern. Die meisten Länder, die eine Klettergeschichte haben, betrachten die Geschichte des Alpinismus als die einzig wahre; Felsklettern gilt nur als Training für schwierigere Unternehmungen. Dies trifft vor allem auf Länder des Festlandes zu, die eine bedeutende Alpingeschichte aufweisen können. Da wir jedoch in England keine Berge haben, umfaßt das Felsklettern den größten Teil unserer Geschichte und ist deshalb auch so traditionsreich. Aufgrund dieser Tatsache haben sich im Lauf der Jahre bestimmte Kletterstile und eine eigene Ethik entwickelt. Diese strenge Tradition hat uns davor bewahrt, die wenigen Felsen, die wir haben, hemmungslos zu erschließen; andererseits war sie in den letzten Jahren ein Hindernis für den klettertechnischen Fortschritt.
Die neuere englische Klettergeschichte kann in fünf große Abschnitte unterteilt werden.

Chris Gore beim Kletterwettbewerb in Arco.

Das Klettern um des Kletterns willen begann in den dreißiger Jahren mit Pionieren wie C. Kirkus, M. Edwards, M. Linnell, A. B. Hargreaves, J. E. Barford, B. Peascod und A. Dolphin. Diese Gruppe konzentrierte sich vor allem auf Berggebiete wie Wales und den Lake District. Dort meisterten sie beachtliche Routen. Zeitweise besuchten sie auch die Gritstone-Gebiete in Derbyshire und Yorkshire.
In den fünfziger Jahren tauchten zwei junge Kletterer aus Manchester in der Szene auf, Joe Brown und Don Whillans. Dieses ungeheuer starke Team kletterte in allen Gebieten und bei

England

Die Route „Dominatrix" (E6/6b) zieht durch den gewaltigsten Überhang in Kilnsey.

jedem Wetter. Zusammen erschlossen die beiden einige der großen Klassiker des Landes, von denen nur ein paar genannt seien: „Cenotaph Corner", „Vector" und „Vember" in Wales; „Elder Crack" und „Goliath" in Derbyshire; „Dovedale Grooves" im Lake District und „Bow Wall" in Cornwall. In gleichem Maß wie die Popularität des Sportkletterns wuchs, stieg auch das Ansehen dieser Männer, die zu legendären Helden der englischen Szene wurden. Viele Kletterer versuchten Brown und Whillans auszustechen, aber niemand hatte dafür das Charisma oder den Stil.

Die sechziger Jahre stellten eine gewisse Übergangszeit dar. Viele Sportkletterer waren auch alpin tätig, andere jedoch verschrieben sich ganz und gar dem Felsklettern, wie Peter Crew, Alan Rouse, Pete Minks, Alan McHardy, Martin Boysen, Ed Drummond, Alan Austin, Tom Proctor und Paul Nunn. In dieser Zeit wurden viele großartige Routen eröffnet, von denen damals viele als „Letzte Probleme" galten. Viele versuchten die Traditionen in Frage zu stellen. Was war wohl erlaubt, was nicht? Ein gutes Beispiel war die Begehung der „Great Wall" am Cloggy in North Wales. Brown hatte sich ein Limit von zwei nicht-natürlichen Sicherungen (Haken) je Anstieg gesetzt. Auch er hatte die Route versucht und dabei festgestellt, daß er zu viele Haken verwenden müßte. Daraufhin stieg Crew ein, ignorierte die Bemühungen und Entscheidungen von Brown und holte sich die „Great Wall" mit acht Fortbewegungshaken. (Erst 1975 wurde der Weg von John Allen frei geklettert.) Viele Kletterer fanden die Route übernagelt. Auch Bohrhaken wurden erstmals am Cloggy eingesetzt, und zwar wiederum von Crew an der Route „Boldest" („Der Waghalsigste"). Da er bei einem früheren Versuch keine Ritzen für Haken oder Keile gefunden hatte, nahm er einen Bohrer mit und schlug einen Bohrhaken, mißachtend,

Ian Horrocks in „Scrittos Republic" (E6/6c), Millstone. ▶

Norbert Bätz in „London Wall" (E5/6a). Dieser parallele Fingerriß erfordert eine gute Klemmtechnik. ▶

daß alle Routen der sechziger und frühen siebziger Jahre on sight und ohne vorheriges Putzen oder auschecken geklettert werden sollten. Obwohl alle den Bohrhaken verdammten, wurde er erst ein Jahrzehnt später abgeschlagen. Durch die Alleinbegehung der Route setzte Alan Rouse der Abneigung gegen die Bohrhaken-Geschichte den Gipfel auf. Bei der Brüchigkeit des Felsens und der Ausgesetztheit der Route war diese Alleinbegehung eine außergewöhnliche Leistung. Trotz der großzügigen Verwendung von Bohrhaken an Kalkfelsrouten in Derbyshire und Yorkshire wurden sie in den Bergen nicht akzeptiert. Viele der „Freeclimbs" aus dieser Zeit hatten technische Stellen, und es wurde der nächsten Generation überlassen, diese zu eliminieren.

Das Hauptaugenmerk dieser nächsten Generation galt den Gritstoneklippen. Brown und Whillans hatten ihre Spuren mit einigen bösartigen Problemen hinterlassen. Abgesehen von den Kletterern der Leeds-Universität, die einen großen Einfluß auf die Entwicklung im Yorkshire-Gritstone hatten, unterschieden sich viele der führenden Kletterer dieser Zeit voneinander. Die Gründe dafür waren Alter, Klettergebiet und das Wetteifern um neue Routen. Eine weitere Trennung gab es zwischen Kletterern, die ausschließlich in Wales und im Lake District kletterten und jenen, die sich auf die Grit-Gebiete spezialisiert hatten. Die Geschichte unseres Grits wird mit Ehrfurcht betrachtet. Die „großen" Routen unseres Landes führten auf zehn Meter hohe Felsen. Der Grit hatte für jeden etwas zu bieten: waghalsige und technisch anspruchsvolle Wege, kühne und anstrengende Routen, anstrengende und gut gesicherte Klettereien.

John Syrett, Hank Pasquill, Alan Manson, Jerry Peel, Ron Fawcett, Steve Bancroft, John Allen und natürlich Pete Livesey schraubten den Standard höher.

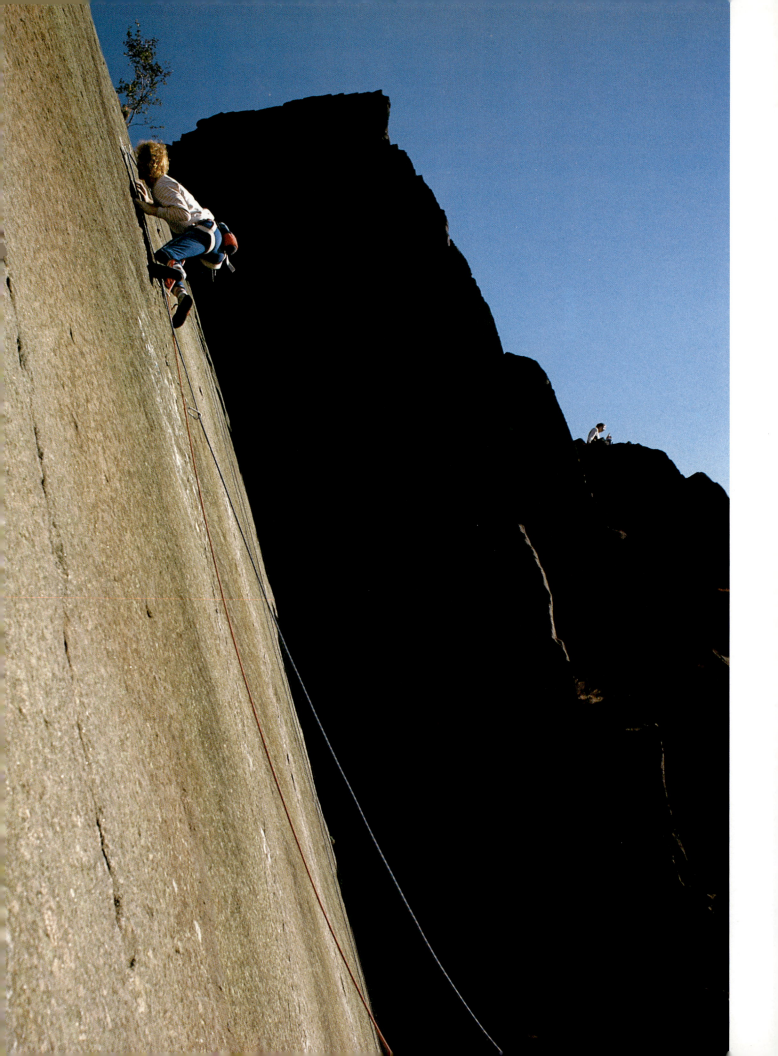

Unerschöpflich sind die Bouldermöglichkeiten im Gritstone.

Obwohl Livesey bereits Mitte dreißig und damit älter als die meisten Kletterer war, galt er als Wegbereiter des neuen Standards. Er war der erste Kletterer, der nach Brown die englische Szene nachhaltig beeinflußte. Vielleicht war er technisch nicht so brillant wie andere Stars, doch er bestach durch Unternehmungsgeist, Entschlossenheit und durch die Fähigkeit, selbst in kritischen Situationen ruhig zu bleiben. Als früherer Athlet wandte er seine Trainingserfahrungen auf das Klettern an. Er war einer der ersten, die an Kletterwänden und mit Gewichten für das Klettern trainierten. Auch verwendete er Magnesia.
Beachtung fand daneben der junge John Allen. Als der Vierzehnjährige 1973 in Stanage den Weg „Old Friends" (E3, 5c) kletterte und 1975 die eindrucksvolle „London Wall" (E5, 6a) meisterte, war er seiner Zeit weit voraus. Obwohl es auch in Wales und im Lake District angsteinflößende Routen mit langen „Runouts" gab, konnten sie es doch nicht in den technischen Schwierigkeiten mit den „Gritstonedesperates" aufnehmen. Über einige dieser Routen wurde vorher abgeseilt, um sie von Flechten zu reinigen. Dies geschah auch bei der Route „Hairless Heart" (E5, 5c) in Froggatt. Allen überzeugte seine Partner, daß die Route sicher sein müßte, da ihn sein Freund Steve Bancroft andernfalls nicht hingelassen hätte. Also zog er beim Führen ein Seil hinterher, das außer zusätzlichem Gewicht nichts brachte. Allen machte in diesem Stil weiter und kletterte die Route „White Wand" (E5, 6a), die auch heute noch als eine der wildesten der siebziger Jahre gilt. Weitere Glanzrouten waren „Reticent Mass Murder" (E5, 6b), „Nectar" (E4, 6a) und „Profit of Doom" (E4, 6a). John Allen und Steve Bancroft waren eines der stärksten englischen Teams.
Als die offensichtlichen Routen im Gritstone rar wurden, schenkten die Kletterer den alten

Die „Left Wall" (E1/5c) am Cromlech zählt zu den schönsten Wandklettereien in Nordwales.

Der Spitzenkletterer Andy Pollit bei der Erstbegehung von „Chimes of Freedom" (E7/6c).

„Techno-Climbs" ihre Aufmerksamkeit. Liveseys Interesse an klassischen Linien brachte ihn in viele Gebiete. Seine Routen galten als kühnste Unternehmungen. Er kletterte dort, wo sich sonst niemand hinwagte. Er gab zu, daß sein technisches Können nicht besonders hoch einzuschätzen sei. Allerdings konnte er das, was er einen halben Meter über der Sicherung klettern konnte, auch zehn Meter darüber klettern! Livesey erregte Aufsehen, als er 1974 die „Right Wall" (E5, 5c) am Cromlech kletterte. Heute gibt es an dieser Wand zahlreiche Wege, aber damals hatte es niemand gewagt, in einer so glatten Wand mit spärlicher Sicherung zu klettern. Die Route wurde vorher geputzt und die Sicherungsmöglichkeiten begutachtet. Es war nur sehr wenig da, ein Zapfen in der Mitte der Wand und dann ein Zwanzig-Meter-Runout zum nächsten Keil. Als Livesey die Route im Juni 1974 gelang, setzte er damit die Kletterwelt in Erstaunen. „Right Wall" stellte seine nächste Route „Footless Craw" (E5, 6b) in den Schatten, obwohl diese schwieriger war. Er kletterte sie im selben Jahr. Sie war der Schauplatz spektakulärer Stürze. Einmal stürzte er sieben Meter aus dem

◄ Wolfgang Güllich in „Edge Lane" (E5/5c), einer ungesicherten, messerscharfen Gritstone-Kante.

◄ Das Psycho-As Johnny Dawes bei der ersten Begehung von „Conan the Librarian" (E6/6b) in Gogarth. Ein Sturz aus dieser Route kann tödlich enden.

Schlüsselüberhang auf eine flache Platte. Auch heute scheuen sich noch viele Kletterer vor dieser Route. Sein „Schwanengesang" war zweifelsohne der Weg „Zero" an der Suicide Wall in Wales (1979). Erst 1983 konnte Andy Pollit diese Wahnsinnsroute wiederholen, und er bewertete sie wegen ihres ernsten Charakters mit E6. An vielen Stellen würde ein Sturz fatal enden; dies gilt selbst für die Schlüsselstelle 25 Meter über dem Boden! Das Klettern von schlecht gesicherten Wegen ist in England zur Tradition geworden; es geschieht nicht aus einer Todessehnsucht des Kletterers heraus, sondern aufgrund von Präzedenzfällen in unserer Geschichte. Haken sind immer nur stirnrunzelnd eingesetzt worden, und stets nur als letzter Ausweg. Aber selbst dann hatten sie nur in den Bergen ihre Berechtigung.

Ein neues, weniger nervenaufreibendes Ziel waren die alten technischen Kalkrouten. Wieder einmal war Livesey Mitte der siebziger Jahre Trendsetter mit der freien Begehung von „Face Route" (E3, 6a) in Gordale Scar und „Central Wall" (E4, 6a) in Kilnsey. Ende der Siebziger zeigte sich wieder eine Änderung des Stils: Einige waren immer noch an den waghalsigen Routen interessiert, andere aber wollten Ausdauer forderndes, schwierigstes Klettern. John Allen war nach Neuseeland emigriert und Livesey steckte langsam zurück. So wurde Ron Fawcett der neue Star.

Fawcett kletterte lange im Schatten des Talents und der Persönlichkeit von Livesey, aber mit Wiederholungen der schwierigsten Wege und neuen Routen konnte er sich doch etablieren. Fünf Jahre lang blieb Fawcett bezüglich der von ihm bewältigten Schwierigkeiten unerreicht. Obwohl der Großteil seiner Routen nicht durch ihre Kühnheit auffallen, konnte er doch einige unglaublich schauderhafte Routen begehen, wie „Blackleg" (E6, 6a) in Gogarth, „Desperate Dan" in Ilkley, „One Step Beyond" in Curber und als spektakulären Weg „Lord of the Flies" (E5, 6a) am Cromlech.

Nach dem anfänglichen Enthusiasmus in den Kalkrouten von Derbyshire verlagerte sich der Schwerpunkt nach Wales. John Redhead (der Name könnte nicht zutreffender sein!) begann da, wo Livesey aufgehört hatte: Ungesicherte Routen im höchsten Schwierigkeitsbereich waren seine Spezialität.

Widmung an alle Toprope-Fans: Master's Wall

An dieser Stelle möchte ich den Aufsatz von Chris Gore kurz unterbrechen. Vielleicht ist Klettergeschichte nicht jedermanns Sache. Die folgende Story sollte aber jeder lesen, möglichst jedoch nicht vor einer psychisch anspruchsvollen Route!

Viele hatten mit der glatten Wand rechts der „Great Wall" am Cloggy geliebäugelt, aber niemand hatte sich einzusteigen getraut. Bis Redhead einige schaurige Versuche an der Wand startete. Bei einem frühen Versuch stand er 22 Meter über dem Boden, nur ein Stopper Nr. 1 (!) war zwischen ihm und einer schweren Verletzung, wenn nicht dem Tod; John verlor die Nerven, machte einen Fehler und stürzte — wundersamerweise hielt der Stopper. Nächstes Mal kam er höher, mußte dann aber an einem Skyhook abseilen! Es fiel ihm immer schwerer, sich für die Route zu motivieren. Trotzdem kehrte er zurück, kam höher als bisher und legte einige Keile von zweifelhaftem Wert. Da rutschte ihm ein Fuß weg, und er polterte die Wand hinunter. Mehrere Keile riß er heraus, der Stopper Nr. 1 aber hielt erneut! Mit großem Vertrauen in den Stopper kletterte er wiederum zu seinem höchsten Punkt, dann aber verlor er die Nerven und griff in das Seil einer anderen Seilschaft. Er verließ die Wand und schenkte seine Aufmerksamkeit der North

Wolfgang Güllich in der Toproute „Revelations" (E6/7a) am Ravens Tor. ▶

Johnny Dawes in seiner kühnen Route „Offspring" (E6/6c). ▶

Der englische Klettertag beginnt im Cafe.

Stack Wall in Gogarth, wo ihm einer der verrufensten und kühnsten Wege dieser Zeit gelang: „The Bells, The Bells" (E 7, 6b). Erst sechs Jahre später (1986) konnte Andy Pollit diese Schreckensroute wiederholen, die wegen des brüchigen Felsens und der unzulänglichen Sicherung (es besteht die Gefahr, aus einer Höhe über zwanzig Metern auf den Boden zu fallen) gemieden wurde. Mit dieser Psycho-Aufmunterung kehrte Redhead an die Master's Wall zurück, setzte einen Bohrhaken und beendete die Route.
Erst Jerry Moffatt hatte die Psyche, diesen Weg ohne den Bohrhaken zu klettern. Schnell war „Moffi" der beste Kletterer Englands geworden, konnte alle schwersten Wege wiederholen und viele eigene hinzufügen. Moffatt bereitete sich durch kühne Alleingänge in unzuverlässigem Fels („Great Wall", „Right Wall", „Left Wall", „Curving Arete") auf die Route vor. Nach dem Auschecken der Möglichkeiten beim Abseilen schlug er den Bohrhaken ab und kletterte eine der verwegensten Seillängen englischer Geschichte.
Aber auch Jerry Moffat wagte sich nicht an die ideale Lösung des Problems. Der ungesicherte, direkte Weg konnte erst im Herbst 1986 vom „Psycho-Ass" Johnny Dawes geklettert werden: „Indian Face" (E9, 6c)
Mitte der 80er Jahre erfolgte eine Neuerschließung der Seeklippen von Pen Trywn. Interessanterweise wurden fast alle Wege, trotz starker Kritik, mit Bohrhaken gesichert. Das Ergebnis des neuen Trends zu gut gesicherten, akrobatischen und technisch anspruchsvollen Wegen war die Route „Masterclass" (E6, 6c) von Moffatt. Obwohl Bohrhaken in den Kalkfelsen von da an akzeptiert wurden, galt dies nicht für den Gritstone. So „topropte" Moffatt auch die Kante „Master's Edge", um sie anschließend solo (!) erstzubegehen. Ron Fawcett aber schnappte ihm die Route weg. — Er hatte eine

spezielle Sicherung für die drei riesigen Bohrlöcher in der Wandmitte. Trotzdem wurde „Master's Edge" eine ernste Route (E7, 6b), Fawcett mußte doch sechs Meter über die Löcher hinausklettern, die nur sechs Meter über dem Boden sind.
Die hohe Arbeitslosenzahl in England trug zum hohen Kletterniveau auf breiter Basis bei. Der Peak District galt als erschlossen und die neuen Stars schenkten ihre Aufmerksamkeit den Kalkklippen von Malham und Gordale. In der Gordale-Schlucht gelang Martin „Basher" Atkinson die freie Begehung der Hakenroute „Pierrepoint" (E6, 6b/6c). Die Technokletterer ärgerten sich über die neuen Bohrhaken, die die technischen Routen entschärften, und entfernten sie wieder. Bis heute (1986) ist der Konflikt zwischen beiden Lagern noch nicht gelöst. Ein weiteres Beispiel dafür trug sich erst kürzlich zu. Ein haßerfüllter Technokletterer nannte eines seiner Glanzstücke „Free that, bastards!". Dies läßt auch einiges auf seinen Charakter schließen. Ben Moon konnte der Aufforderung nicht widerstehen und war schon kurz vor der

England

Der härteste Gritstoneweg ist dieses Boulderproblem am Froggatt Edge. Nach 25 Tagen gelang Mark Leach (Bild) die erste Begehung seines „Screaming Dream" (E8/7b).

freien Begehung, als der schockierte Erstbegeher die Griffe abschlug! Ben Moon probierte es trotzdem und konnte den Weg frei klettern. Andere Glanzleistungen waren „Zoo Look" (E7, 6c) von Fawcett, „Dream Topping" (E7, 6c) von Atkinson, „A Statement of Youth" (E7, 6b) des siebzehnjährigen Ben Moon und die Top-Route „Revelations" (E7, 6c) von Moffatt, die für Jahre der härteste Weg Englands blieb.
Aufgrund des schlechten Wetters in Wales kamen die Schiefersteinbrüche in Mode. John Redhead und Johnny Dawes eröffneten kühne Anstiege, mit teilweise nur einem Bohrhaken auf vierzig Meter.
Nach Besuchen in Südfrankreich versuchten Spitzenkletterer die Rotpunktidee auch nach England zu bringen. Dies stieß jedoch bei traditionsbewußten Kletterern auf Kritik, da sie glaubten, das Abenteuerliche am Klettern ginge dabei verloren. Das Problem wurde gelöst, als Antoine Le Menestrel bei einem Englandbesuch die Top-Route „Revelations" solo kletterte.
Ein neuer Star scheint John Dunne zu werden, der mit 16 Jahren die Route „The Maximum" (E7, 6c) eröffnete. Dunne hat sich nicht spezialisiert, er klettert auch im Grit, wo ihm zwei der wildesten Wege gelangen (E8!, 6c). Eine Begehung des Weges „Kudos" (E7, 7a) an der Rubicon Wall war als eines der schwierigsten Probleme Englands schon oft von Moon und Moffatt versucht worden, bevor mir nach einem Frankreichbesuch die Route gelang.
Das gegenwärtig schwierigste Problem ist ein fünf Meter hoher (!), überhängender Piazriß am Frogatt Edge. Nachdem zahlreiche namhafte Kletterer gescheitert waren, gelang Mark Leach nach 25 Tagen die erste Begehung. Zum härtesten Boulderweg Englands, „Screaming Dream" (E8, 7b) sagt Mark Leach selbst: „If you've got what it takes, it takes all you've got."

Seit dem Zweiten Weltkrieg hat sich das Freiklettern rapid weiterentwickelt und wir haben immer noch genug Probleme, so daß wir nicht ans Griffe-Schlagen gehen müssen wie in Frankreich. Da England relativ wenig Fels besitzt, gehen die Kletterer sorgfältig damit um und bemühen sich um einen guten Stil. Die oftmals hemmende Tradition gibt aber dem englischen Klettern etwas Einzigartiges, was kühne und technisch anspruchsvolle Wege in einem Land vereint.

Mark Leach und Andy Pollit im Klettercafe in Stoney Middleton.

Marks athletischer, austrainierter Körper paßt nicht zu den englischen Idealvorstellungen eines Superstars im Fels: kleines Bäuchlein, wenig Muskeln und trotzdem überall hinaufkommen ... Nur im letzten Punkt wird Mark seiner Rolle gerecht. Er und Andy Pollit bilden ein schlagkräftiges Team, das die härtesten Wege Englands in Angriff nimmt. Von den menschlichen Qualitäten dieser Freunde, wie Freundlichkeit, Hilfsbereitschaft und Entgegenkommen gegenüber Ausländern könnten viele etwas lernen.

Mark Leach

Leben an Kanten

Wie ein Blitzschlag traf mich die Meldung von Fawcetts Erstbegehung dieser eleganten, futuristischen Linie. Obwohl ich an mir zweifelte, war es mein großer Traum, „Master's Edge" zu klettern.
Geduldig wartete ich bis zum Herbst. Dafür hatte ich drei Gründe: Am Ende der Saison würde ich hoffentlich besser klettern, das kühle Wetter würde die Reibung erhöhen und im Fall einer Verletzung könnte ich mich über die Wintermonate erholen. Seit Oktober dachte ich ernsthaft an einen Versuch und borgte mir von Ron den ‚Amigo' und den ‚Tricam', die unbedingt zur Sicherung erforderlich waren. Meinen Gedanken an eine On-Sight-Begehung verwarf ich nach Befragung führender Kletterer. Drei Wochenenden boulderte ich in Millstone, ich war besessen von der Kante. Zur Verbesserung meines Gleichgewichtssinnes entwarf ich einen Boulderparcour an drei Kanten. Dann, am letzten Wochenende im Oktober, kletterte ich jede Kante auf Anhieb.
Der richtige Zeitpunkt war gekommen — aber würde ich der psychischen Belastung auch gewachsen sein? Es bestand die Möglichkeit, daß ich aus einer VIII+-Stelle dreizehn Meter über dem Boden herunterstürzte. Den ganzen Nachmittag brauchte ich, um mich geistig aufzubauen. Als ich startete, sammelte sich sofort eine kleine Gruppe Neugieriger — Geflüster, Kameraklicken. Obwohl mich das ablenkte, genoß mein Ego jede Sekunde. Kurz unter den Bohrlöchern, auf einer kleinen Leiste stehend, verlor ich fast die Nerven. Ich langte nach dem untersten Loch, war aber zu kurz. Um meine Panik zu bekämpfen, sagte ich mir: „Was soll's, du bist doch im Gleichgewicht!" Ich stieg etwas höher und meine Finger griffen gierig nach dem rettenden Loch. Erleichterung! Nach dem Plazieren der Sicherungen probierte ich die schwerste Stelle, die nur kurz über den Löchern ist. Ein kurzer Sturz beruhigte meine Nerven. Doch war es für einen weiteren Versuch zu spät. Die Chance hatte ich mir selbst verpatzt.

England

Nachts einige Bier im Pub und morgens drei Stück Kuchen in der Bäckerei — ich war bereit. Doch ich hatte Angst, Angst vor der Stelle unter den Löchern. Nach einem Aufwärmversuch konnte ich die schwere Stelle klettern. Die Freunde feuerten mich an. Ich streckte mich nach dem großen Griff am Ausstieg. Jetzt kann nichts mehr schiefgehen. Narr! Mein Fuß rutschte vom Reibungstritt. Es schien eine Ewigkeit zu dauern. Ich starrte auf die Sicherung weit unter mir. Würde mein Freund Seil einholen und mich vor einem Bodensturz bewahren? Ich landete bequem und lachte vor Erleichterung. (Der Sturz aus anderer Sicht: Mark stürzte, der Sichernde holte Seil ein, Mark krachte in seinen Sicherungsmann — beide lagen am Boden.) Zwanzig Minuten später war ich wieder an der Kante. Meine Freunde warteten schon ungeduldig auf ihren Nachmittagskaffee. Diesmal lief es wie am Schnürchen, ohne Angst, wie in einem Zeitlupentraum. Nach der Freude am Ausstieg, schlich sich ein leises Bedauern ein. Warum hatte ich die Kante nicht *on-sight* versucht? Irgendwann wird sie sicher in einem solchen Stil geklettert werden. Ich hatte gewissermaßen versagt.

Mir blieben die Träume von noch wilderen Situationen. Vielleicht werden sie wahr.

Wolfgang Güllich im „Master's Edge" (E7/6b). Drei Bohrlöcher in halber Kantenhöhe bieten die einzige Möglichkeit in dieser anspruchsvollen Route, eine Sicherung zu legen.

Johnny Dawes beim Bouldern in Millstone.

"Master of Grit" nennt man Johnny Dawes. Dieser junge, talentierte Kletterer bevorzugt Psychorouten im höchsten Schwierigkeitsgrad. Außergewöhnlicherweise demonstriert er trotz der hohen psychischen Belastung einen eleganten, flüssigen Stil; so manchem "Poser", der seine Fans in seinen Paraderouten durch unnötige Spagateinlagen begeistert, würden die Beine einfrieren. Die Formenvielfalt des Gritstone spiegelt sich in den Bewegungen von Johnny wieder. Wie er selbst schreibt, klettert er nicht von Griff zu Griff, sondern er erfühlt die Form des Felses und läßt sich von ihr leiten. So wird er nicht nur im übertragenen Sinn eins mit dem Fels. Doch international bekannt wird man nur durch Leistung, und diese hat Johnny Dawes sicher erbracht. Neben Solobegehungen härtester Wege ("Ulysses", on sight! ohne vorheriges Toprope) gelten seine neuen Gritstonerouten als wahre "Hämmer", die bis jetzt alle ohne Wiederholung geblieben sind.

Johnny Dawes

Gritstone

Die Felsen: Unsere Phantasie kann ihnen menschliche Gestalt verleihen. Jedes Massiv fordert seinen eigenen Rhythmus und Stil. Das eine ist eine malerische Vision aus viktorianischer Zeit, das andere moderne graphische Architektur. Für mich sind alle diese Gebiete großartig und jede einzelne Formation ist eine selbständige, eigenwillige Skulptur. Ihre größte natürliche Schönheit erhalten die Felsen für mich, wenn sie von einem gefühlvollen Kletterer geklettert werden. Erst dann wird ihre Vielseitigkeit und eigenwillige Formung durch dessen Haltung und Bewegung erkennbar.

◀ Johnny Dawes in „Offspring" (E6/6c). Einen Acht-Meter-Sturz riskiert man an der runden Piazhangel am Ausstieg.

◀ Bouldern im Gritstone.

Das Handwerk: Im Gritstone zu klettern bedeutet, Formen zu erfassen und zu erklettern (und nicht wie sonst üblich das Anfassen einer Folge von Griffen), also ein „griffloses Klettern". Eine unglaubliche Reibung macht dabei unmöglich erscheinende Formen erkletterbar. „Ulysses" und „Ray's Roof" sind solche „Gestaltklettereien". In den beiden Wegen — „Ulysses" ist eine Piazkante und „Ray's Roof" ein „Offwidth"Dach, kommt kein einziger Griff im herkömmlichen Sinn vor. Solche Wege sind nur durch vollkommene Konzentration und Gelassenheit zu bewältigen. Der Kletterer läßt sich von der Oberfläche des Felsens führen. (Anmerkung: Johnny Dawes kletterte die Toprope-Route „Ulysses" „on sight" und „free solo".) Der Fels wird dir sagen, was du tun sollst. Beim Tanz leitet die Musik die Bewegungen des Körpers eines Tänzers. Beim Gritstone-Klettern ist es ähnlich. Nur ist das Medium Fels nicht von Menschenhand geschaffen, sondern natürlichen Ursprungs. Ein Kletterer an diesem Fels kann seine wahre Natur in sich aufnehmen und begreifen. Er kann zum Wasser und Wind werden, die den Felsen geformt haben.

Grit ist ein herrliches Spielzeug, das ob seiner Mystik für Wissenschaft und Kunst interessant ist. Manchmal, wenn ich wirklich gut an ihm klettere, erlebe ich den Grit als gegossene, zähe Flüssigkeit von optimaler Reibung. Mein Schwerpunkt entwickelt Tentakeln, so daß der ganze Körper die Form des Felsens umschließt. Unter diesem Aspekt ist die Route keine Bewegung von Griff zu Griff, sondern eine Bewegung des Körpers, die die Form des Felsens erschließt. Eine objektive Schwierigkeitsbewertung ist trotz Berücksichtigung von Kraft und Beweglichkeit sehr schwierig, weil Feinfühligkeit und Wahrnehmungsvermögen eine weit größere Rolle spielen. Jedes Jahr erlebe ich am Grit eine persönliche Steigerung durch eine ständige geistige Auseinandersetzung und Beobachtung. Dies geschieht unabhängig von Training oder Klettern. Im Kalk hingegen kann ich mich nicht auf diese Weise steigern. Dort kommt es darauf an, die kraftsparendste Sequenz zu finden, Maximal- und Ausdauerkraft zu haben und einem Sturz gelassen entgegen zu sehen. Der Grit dagegen erfordert die Fähigkeit des Beobachtens und das Erfassen der sinnlichen Formen der Route und die ihrer Architektur.

Das Griffrätsel

In Millstone gibt es links der Route „Technical Master" einen runden Buckel, an dem der Fels etwa 75 Grad steil ist. Niemand würde dies als Griff bezeichnen, und doch konnte ich daran einen Klimmzug machen — ein einziges Mal. Obwohl an diesem Tag keine günstigen Bedingungen herrschten, konnte ich den Klimmzug bei günstigeren Bedingungen nicht wiederholen.

Die härtesten Routen im Gritstone: (Das Kreuz nach dem Schwierigkeitsgrad bedeutet, daß ein Sturz eine schwere Verletzung oder den Tod nach sich ziehen würde.)

1984 The Braille Trail, E7/6c+
1985 Sad Amongst Friends, E6/7a+
1986 Chantauqua, E7/6c
1986 Gaia, E8/7a+
1986 Janus, E7/7a

Gaia, E8/7a+

Obwohl „Gaia" meine härteste Route und meine größte Leistung darstellt, hatte ich am wenigsten Freude an ihrer Erstbegehung. Der Anstieg erfordert einen extrem schwierigen, dynamischen Einstiegszug in eine phantasti-

Heinz Zak in „Plain Sailing" (E2/5b), Pembroke.
Der horizontal geschichtete Fels erinnert an die Shawangunks in den USA. ▶

Mark Leach in „A Statement of Youth" (E7/6b), Pen Trywn. ▶

sche Verschneidung; an deren Ende findet der Kletterer durch Spreizstellung an abschüssigen Tritten im 8--Gelände einen Rastpunkt für die Hände. Der gefährlichste Teil der Route ist ein irreversibler Schwung an einem 55 Grad steilen, abschüssigen Bauch. Anschließend muß dort ein „Mantle" gemacht werden. Ein Sturz von dort bedeutet Querschnittslähmung oder Tod. Aufgrund persönlicher Schwierigkeiten und des trüben Wetters war meine Moral schlecht. Mein Freund und ich waren zudem nach dem Musikstück „Rhapsody zu einem Thema Paganini" den Tränen nahe. Nach zwanzig vergeblichen Versuchen in die Verschneidung zu kommen, als ich die Route schon abgeschrieben hatte, blieb meine Hand endlich am Griff. Nachdem ich schlafwandlerisch die Verschneidung hochgeklettert war, riß mich die Realität aus dieser Trance. Ein Blick zu Bob hinunter ließ mich fast freiwillig wieder hinunterspringen. Der Gedanke daran machte mich aber ruhig, und ich versuchte den Zug. Nach vier zaghaften Versuchen schwang ich das fünfte Mal hinüber. Ein Marienkäfer kroch über den Griff. Ich wollte ihn töten. Sein Tod hätte aber auch den meinen bedeuten können. Sicherlich würde ich fallen. Meine Unruhe hatte mich dazu überredet, zu früh loszugehen; es war niemand in der Nähe, zu spät für ein Toprope. Meine Hand rutschte, hielt wieder. Mit Gott im Kopf und Spannung im Rücken machte ich den dynamischen Zug auf den Gipfel. Ich wartete auf die Erleichterung und das Aufkommen freudiger Erregung — sie kamen nicht.

Heinz Zak

Sportklettern auf der Insel

Obwohl es in England keine Berge im ursprünglichen Sinn gibt, findet der Sportkletterer ideale Felsmassive.

Peak District

Dieser Nationalpark zwischen den Großstädten Manchester, Sheffield und Leeds ist landschaftlich äußerst reizvoll. Trotz der Nähe der großen Industriestädte erwartet den Besucher eine ruhige, einsame Hügellandschaft. Gritstone- und Kalkfelsmassive stehen nebeneinander und bieten eine ausgefallene Kombination von Klettermöglichkeiten in unterschiedlichem Gestein. Gritstone ist ein sehr fester, dunkler Sandstein. Die Felskämme des Gritstone können sich kilometerlang hinziehen, ohne eine Höhe von zwanzig Metern zu überschreiten. Die besten natürlichen Gritgebiete sind Stanage, Froggatt und die Roaches. Auch in alten Steinbrüchen wie Millstone gibt es interessante Wege. Die bekanntesten Routen dort sind „Master's Edge" (6c/E7), „Edge Lane" (5c/E5) und „London Wall" (6a/E5). Da im Grit keine Bohrhaken geschlagen werden, sind viele Wege schlecht gesichert. Die schwierigsten Anstiege werden nur von Insidern geklettert, die mit den Eigenheiten dieses Gesteins vertraut sind. Aufgrund der fehlenden Sicherungsmöglichkeiten wird im Grit viel solo geklettert (z. B. „Edge Lane" oder „Ulysses Bow"). Eine willkommene Abwechslung zum rauhen Grit bieten die Kalkfelsen in den Flußtälern. Der interessanteste Fels ist der 45 Meter hohe Ravens Tor, eine stark überhängende, ungegliederte Kalkplatte, an der es so berühmte Wege wie „The Prow" (E6/6b) oder „Revelations" (E7/6c) gibt. Andere empfehlenswerte

Wolfgang Güllich in „Dream Topping" (E6/6c), Tremadoc.

Kalkfelsen sind Chee Dale und High Tor. Viele der schwierigen Wege sind frühere technische Touren. Es sind zwar genügend Haken vorhanden, diese sind jedoch genauso zweifelhaft wie der Fels.

Yorkshire

Nach der Erschließung des Peak District verlagert sich die Aktivität der Sportkletterer mehr in die entlegeneren Gebiete in Yorkshire (hundert Kilometer nördlich von Manchester). Malham, Gordale und Kilnsey sind die Hauptattraktionen.

Nordwales

Nordwales ist nach dem Peak District das bedeutendste Klettergebiet Englands. Erstaunlich viele verschiedene Felsarten sind hier auf engem Raum konzentriert.

Bombenfestes Lavagestein mit guten Sicherungsmöglichkeiten macht Tremadoc zu einem der beliebtesten Kletterziele der Insel. Auch der fünfminütige Zustieg von Eric Jones' Café zu den siebzig Meter hohen Felsen entspricht der Sportklettermentalität. Neben dem Extremklassiker „Strawberries" (E6/6b) findet vor allem der Durchschnittskletterer ein reiches Betätigungsfeld.

Ist das Wetter sehr gut, lohnt sich ein Besuch der Felsmassive Cloggy und Dianas Cromlech am Llanberries Pass. Leider sind diese Gebiete wegen der hohen Lage (um tausend Meter) und der Meeresnähe (etwa zwanzig Kilometer) extrem dem englischen Wetter ausgesetzt. Trotzdem wurde gerade an diesen alpenähnlichen Massiven Kletterhistorie geschrieben: Berühmte Wege wie „Cenotaph Corner" (E1/5b), „Right Wall" (E5/6a), „Lord of the Flies" (E6/6b), sowie die „Master's Wall" (E7/6b) am Cloggy sind Meilensteine englischer Klettergeschichte. Der Fels ist granitähnlich, bietet jedoch wunderschöne Wandklettereien, die man leider wegen der oft fehlenden Sicherungen nicht entsprechend genießen kann.

Bei Regenwetter flüchten die Kletterer in die Schiefersteinbrüche oder auf die Halbinsel Llandudno (eine Autostunde von Llanberries entfernt), wo die Klippen von Pen Trywn (Ormes) steile, bohrhakengesicherte Routen auf Kalkplatten anbieten.

Obwohl die Klippen von Gogarth nur vierzig Kilometer entfernt sind, unterscheiden sie sich ganz wesentlich von denen in Llandudno. Die Wege an den etwa hundert Meter hohen, brüchigen Kalkfelsen dürfen nicht unterschätzt werden. John Redheads Route „The Bells, The Bells" zählte lange zu den waghalsigsten Englands (E7/6b).

Pembroke

An den Klippen von Pembroke kann sich der Kletterer eine von zweitausend Routen in meist gutem Kalk auswählen. Die horizontale Schichtung macht selbst extrem überhängende Wandzonen kletterbar. In den vielen Rissen können gut Klemmkeile gelegt werden. Zentren sind die einhundertfünfzig Meter lange und vierzig Meter hohe Klippe des Stackpole Head, sowie die spektakulären Felsen von Mother Carey's Kitchen. Hier sticht die Space Wall ins Auge, die auf dreißig Meter etwa zehn Meter überhängt. („Mother Earth", E6/6b.) Eine außergewöhnliche Klippe ist nur zehn Minuten davon entfernt. An einem zwanzig Meter hohen, weiß glänzenden Kalkschild mit reflektierender Oberfläche warten zwei harte und psychisch anspruchsvolle Wege („White Heat", E5/6a; „Great White", E6/6b). Obwohl überall in Pembroke großartige Routen in bizarren Felslandschaften zu finden sind, wird dieses Gebiet relativ spärlich besucht. Gründe dafür sind wohl der lästige Gezeitenunterschied und die Sperrung bestimmter Klippen wegen der nistenden Vögel.

Andere Gebiete

Am Land's End in Cornwall markieren rauhe, gelbgraue Granitklippen den westlichsten Punkt Englands. Und wer nichts gegen englischen Regen einzuwenden hat, sollte einen Abstecher in den Lake District in Nordengland wagen. Auch dort findet sich Kletterbares.

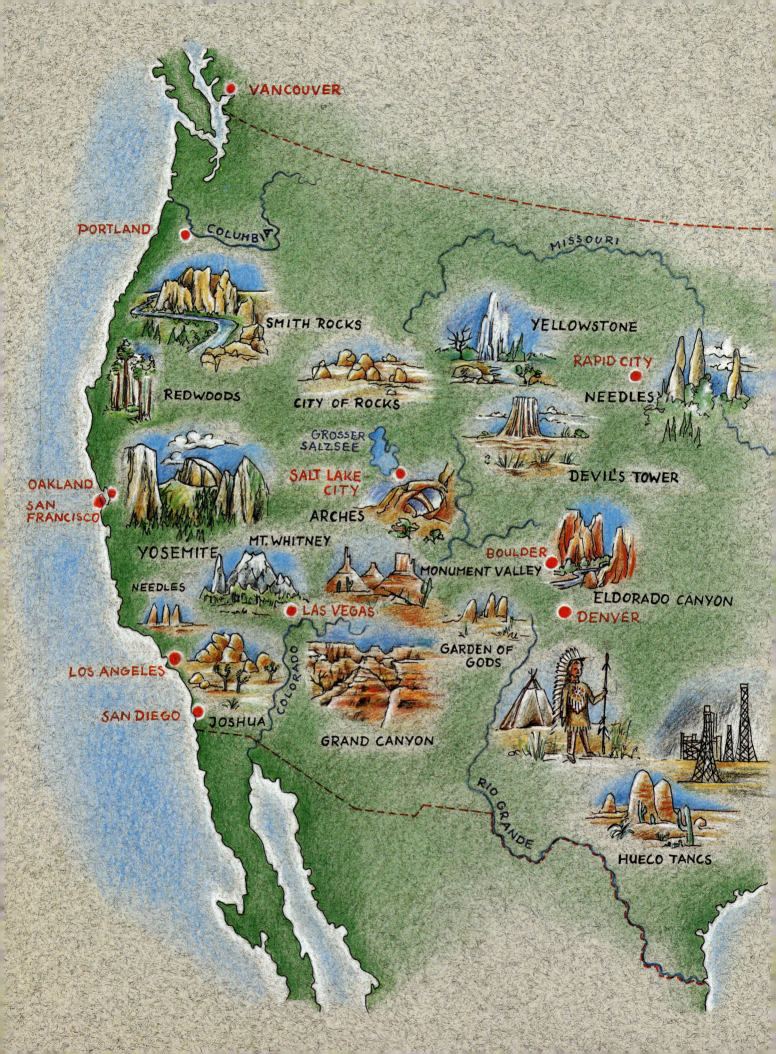

USA

Heinz Zak

Mekka des Freikletterns

Willst Du Geld — geh in die USA!
Willst Du ...?
Obwohl diese Slogans kaum für Kletterer bestimmt waren, klangen in den siebziger Jahren die Verheißungen über die Hochburg des Freikletterns genauso verlockend: Die neue Dimension des Freikletterns, manifestiert im magischen Schwierigkeitsgrad 5.12, war für uns schwerer vorstellbar als messerscharfe Risse an den Abbrüchen jenes märchenhaften Tales, dessen Image durch Bilder von Ansel Adams und Texte von John Muir zu einem gigantischen Superlativ aufgeputscht wurde. — Typisch amerikanisch. Die Amerikaner hatten neben ihrem Cadillac und den Türmen des World Trade Center von New York auch in der Natur einen Superlativ gefunden — das Yosemite Valley. Kletterfreaks aus aller Welt trafen sich im Camp IV. Ihr Traumziel waren neben der entspannten Hippieszene des Camps die tausend Meter hohen Wände des El Capitan und die vielen kurzen Freeclimbs. Erst später würdigten wir die Qualität anderer Kletterdorados wie Shawangunks, Eldorado Canyon und Joshua Tree.
Nicht zu Unrecht galten die Staaten als das Mekka des Freikletterns; schon 1964 wurde mit dem „Supremacy Crack" der erste „Achter" und 1979 mit dem Dach „Grand Illusion" die erste IX+/X--Route geklettert. Stars wie John Bachar, Ron Kauk, John Long und Ray Jardine wurden abgöttisch verehrt. Wenig Beachtung fanden damals die Leistungen des Outsiders John Gill, der schon 1961 schwierigste Boulderprobleme gelöst hatte. Erst das Buch „Master of Rock" und das Scheitern der Top-Stars an seinen Problemen rückten diesen Pionier ins rechte Licht. Mit dem zehn Meter hohen „Thimble" (Boulder-Schwierigkeitsgrad B2, entspricht IX+ nach UIAA), den Gill stets von unten ohne Seil probierte und schließlich 1961 klettern konnte, setzte er Maßstäbe, die bis heute unübertroffen sind! Aufgrund ihrer Kletterethik (möglichst natürliche Sicherungen, Erstbegehungen von unten, kein Ausbouldern der Stellen) hat die alte Yosemite-Garde, die immer noch in der Erinnerung an ihre Glanzzeit in den siebziger Jahren lebt, den Anschluß an neue Dimensionen verloren. Statt dessen kritisiert sie heftig die neue Avantgarde, fähige Leute wie Alan Watts, Todd Skinner und andere.

Heinz Zak

Yosemite — Natur in Dosen

Das Yosemite Valley in Kalifornien ist Teil eines großen Nationalparks. Jedes Jahr wird das Tal von etwa drei Millionen Menschen heimgesucht. Ihnen wird in möglichst kurzer Zeit der „Tempel der Natur", wie der Pionier John Muir das Yosemite nannte, präsentiert. Für diese Show lassen die nationalbewußten Herren der Neuen Welt gerne die Dollars rollen. „Haben Sie das Wasser rauschen gehört?", mahnt eine Tafel nach einem der gigantischen Wasserfälle. Der Naturneuling soll mit Hilfe solcher Krücken in die Geheimnisse der Natur eingeweiht werden. Das Symbol für einen Fotoapparat und eine deutliche Pfeilrichtung sichern den Erfolg des Diaabends im Freundeskreis und die ewige Erinnerung im Familienalbum. In einem überdimensionalen Traktoranhänger dröhnen den Teilnehmern der *Valley Tour* über Lautsprecher kurze Beschreibungen der Sehenswürdigkeiten ins Ohr. Beim Fünf-Minuten-Stop am El Capitan bewundern die Opfer des Massentou-

Viele der ganzjährigen Bewohner des Yosemite leben in alten Klapperkisten am Parkplatz des Camp IV.

Atmosphäre wird durch die aufdringlichen Ranger getrübt. Kletterer sind keine Menschen — in Handschellen wird ein Mann vor dem Pferd eines Rangers hergetrieben, weil er ohne Camp-Erlaubnis hier geschlafen hatte. Sogar nachts öffnen die eifrigen Ordnungshüter unser Zelt und überprüfen beim Schein ihrer Taschenlampe die Anzahl der gemeldeten Insassen. Ich empfinde dies als groben Hausfriedensbruch! Nach drei Wochen Yosemite sind wir uns einig: „Only a dead ranger is a good ranger."

Klettern im Yosemite Valley

Der glattgeschliffene Granit bietet zwei Arten von Klettereien:
a) Reibungsklettereien am Glacier Point Apron

rismus die todesmutigen beziehungsweise verrückten Kletterer, während sie vom programmgemäßen Standort einige Bilder knipsen dürfen. Bessere Bilder gibt es ja überall zu kaufen — im *Village Store* und vor allem im *Visitor Center*. Dort geht jeden Abend eine kulturelle oder informative Veranstaltung über die Bühne. Als Alternative bietet sich die überfüllte Mountainbar an, in der vor einem großen Fernsehschirm der hohe Lärmpegel noch empfindlich gesteigert ist. Die gemütliche Camp-IV-

(flache Platten, mit Bohrhaken gesichert);
b) Risse in allen Variationen (mit Klemmkeilen zu sichern).
Risse wie „Outer Limits" (5.10 b/VII–), „Hangdog Flyer" (5.12 b), „Phoenix" (5.13 a/IX+) und das Sechs-Meter-Handrißdach „Separate Reality" (5.11 d) haben das Yosemite unter Kletterern weltberühmt gemacht. An den großen Abbrüchen des El Capitan (1000 Meter) und des Half Dome (650 Meter) gibt es schwierigste technische Klettereien, A5, teilweise im VIII. Schwierigkeitsgrad. A5 bedeutet, daß nur die Standplatzsicherung einen Sturz aufhalten kann. In der Route „Sea of Dreams" macht man beispielsweise nach dreißig Metern Skyhook-Kletterei (gekrümmte Haken werden an winzige Schuppen gehängt) einen Pendelquergang an einer solch dubiosen Sicherung!

Wolfgang Güllich

Warum eigentlich Yosemite?

„Zum Klettern nach Amerika!" — Die Frage nach dem exakten Ziel der Reise wäre eine reine Floskel.
„Warum denn immer ins Yosemite?" Natürlich bieten die Landschaft und das einzigartige Klima hier ideale Voraussetzungen für die Ausübung des Klettersports; und die schroffen Granitflanken zu beiden Seiten des Tals sind ein immenses Aktionsfeld. Aber angesichts des gewaltigen Felspotentials dieser Welt ist die Spielwiese hier nicht besser als in vielen anderen Gebieten.
Was diesen Nationalpark jedoch — und davon wiederum nur das kurze Tal — zum Mekka der Freikletterei gemacht hat, hat andere Gründe. Wollen wir die spezielle Faszination dieses Ortes auf logischem Weg erkunden, legen rasch Emotionen ihr Veto ein.
Das Stichwort „Atmosphäre" fällt, und wir sind beim Thema. Es ist das turbulente Leben hier, die vielen Menschen aller Nationalitäten mit ihren vielen allgemeinen Interessen und dem speziellen am Klettern, das uns in seinen alles umfassenden Bann zieht. Diese permanente Aktivität ist belebend — motivierend; und wie wichtig die Motivation zur Mobilisierung von Kraft zur Leistungsentwicklung ist, steht außer Frage. Viele von uns kommen deshalb hierher, um aus der Quelle dieses Kraftwerks die Energie für spezielle Extremklettertouren zu beziehen.
So wie Anfang der siebziger Jahre eine Gruppe junger Kletterer, die sich zum Ziel gesetzt hatte, die Grenzbereiche der freien Kletterkunst neu auszuloten und ein Signal in einer neuen Spielart des Bergsteigens zu setzen. Sie wußten, daß der stärkste Muskel bei sportlicher Betätigung unsere Psyche ist.

Separate Reality

Separate Reality
Zweihundert Meter über dem Merced River im Yosemite Valley zieht ein Handriß durch ein sechs Meter weit ausladendes Granitdach. Nach der Erstbegehung von Ron Kauk (1977) war „Separate Reality" nicht nur eine der schwersten Routen der Welt, sondern auch Ausdruck einer neuen Klettergeneration und ihres Lebensstils.
Bis heute hat dieser Weg den Nimbus als „Inbegriff des Freikletterns" nicht verloren. Erst kurz vor der Dachkante kommt die unglaublich exponierte Schlüsselstelle, in der man mit den Beinen an die Lippe des Daches schwingt. Am 11. Oktober 1986 kletterte Wolfgang Güllich diesen Weg im Alleingang, ohne Seil! Mit präzisen Bewegungen, ohne zu stocken — Ausdruck einer neuen Generation!

Majestätisch ragt der tausend Meter hohe Granitpanzer des El Capitan aus dem bewaldeten Tal.

Seine charakteristische Gestalt macht den Half Dome zum Wahrzeichen des Yosemite.

Wolfgang Güllich solo in „Wheat Thin" (5.10c). Diese dünne Piazschuppe am Cookie Cliff zählt zu den „Evergreens" des Tales. ▶

Wolfgang Güllich im „Phoenix" (5.13a). Abwechslungsreich, technisch anspruchsvoll und kraftraubend ist dieser dreißig Meter hohe Riß, der lange als schwierigster Weg des Yosemite galt. ▶

Heinz Zak in der anspruchsvollen Route „Hall of Mirrors" (5.12) am Apron, wo man mit weiten Stürzen rechnen muß.

Um die Haut vor den rauhen Rissen zu schützen, „taped" man die Hände.

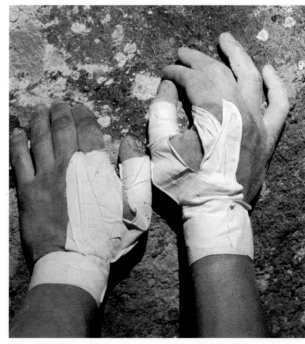

Sie formuliert die Aufgabe und programmiert dann den Willen zur Ausführung — und wird selbst von den Faktoren der Außenwelt gesteuert. Im Yosemite hatte man diesen positiven, fruchtbarsten Nährboden für einen Versuch mit dem Klettern unter extrem sportlichen Gesichtspunkten gefunden, noch dazu unter dem zusätzlichen mentalen Katalysator des „Californian way of life". Die Idee war geboren; eine Art Goldrausch unter veränderten Vorzeichen — dieses Mal Neil Youngs „Heart of Gold" —, verwirklicht in einem neuen Lebensstil ums Klettern, auf der Suche nach höchsten sportlichen Idealen. Die kleine „Goldgräberstadt" hieß Camp IV — Sunnyside Camp. Die Interessengemeinschaft, die jetzt hier wohnte, pflegte den sportlichen Wettkampf, aber auch den offenen Gedankenaustausch. Fairneß war oberstes Prinzip, und im Schweiß der gemeinsamen Arbeit im Trainingscamp sollten die sportlichen Früchte reifen.

So viele Menschen mit unterschiedlichen Charakteren und Lebensauffassungen kamen hier auf einen Schlag zusammen; das bedeutete unvermeidbar die Konfrontation mit anderen Ideen und Gedanken. Gedankliche Flexibilität ist das Gerüst der Kreativität: Das Verrückteste abwägen und in Betracht ziehen und dabei nicht vorschnell das Urteil „unmöglich" aussprechen. Denn sonst könnte man hier im Lager schnell eines besseren belehrt werden.

Carmel und Corine im heiklen Fingerriß „Butterfingers" (5.11 a) am Cookie Cliff.

Die „Studenten" dieser „University of Life", wie sie das Tal liebevoll nannten, schafften durch diese Synthese aus körperlicher und geistiger Energie die explosive Kettenreaktion in neue, unbekannte Schwierigkeitsbereiche.
Diesem Durchbruch einer über Jahrzehnte stabilen Schwierigkeitsbarriere, jener nahezu unüberwindlich erscheinenden Schallmauer menschlicher Leistungsfähigkeit, sollte deshalb mehr zugeordnet werden als nur Namen einiger markanter Kletterrouten. „Separate Reality", „Hangdog Flyer" oder „Phoenix" sind in ihrer Gesamtbedeutung nur die Abfallprodukte. Sie haben uns in unserem Sport die Augen geöffnet und den Grundstein zum neuen Spiel gelegt, in dem der Reiz des kletterbaren Grenzbereichs darin liegt, die Logik im Verrückten zu ergründen, weil die Logik des Normalen langweilt.
Die wiederbelebte Idee des Freikletterns wurde von hier aus durch ihre Jünger in alle Welt hinausgetragen und das Vermächtnis gewinnbringend angelegt.
Zurückgeblieben ist eine „Geisterstadt". Inzwischen bewundern ungezählte Touristen Jahr für Jahr die Naturschönheiten und die Denkmäler der vielleicht fruchtbarsten Periode des Klettersports (seit der Erstbegehung der Route „Phoenix" im Jahre 1977 hat hier keine sportliche Entwicklung mehr stattgefunden). Die Intimität der Lagerfeueratmosphäre ist dem Massenbetrieb gewichen — dessen Oberflächlichkeit hat den Dialog zerstört, und neue Impulse sind rar geworden. Kommerz und Ehrgeiz haben das Paradies überrannt. Man schürft konventionell weiter, aber jetzt um die Wette, und glaubt, man könne der Ausbeute einen Wert zuordnen, um den Eigentümer dann in eine soziale Vermögensklasse einzuordnen. Unter sportlichen Gesichtspunkten ist das Yosemite keine verbrannte Erde, aber ohne neue Saat gibt es keine Ernte mehr!

◀ John Bachar solo in „Catchy Corner" (5.10d). Bachar, einer der bekanntesten Kletterer der USA, erregte vor allem durch anspruchsvolle Solorouten Aufsehen.

◀ Kurt Albert in „Alien" (5.12c). Zweihundert Meter über dem Talgrund hängt Kurt einarmig an einem Fingerklemmer am Dachrand.

Heinz Zak

Tuolumne

„Sauberer Fels, klarer Himmel und eine luftige Hochlandatmosphäre — das ist Tuolumne." Diese Worte sind die Einleitung zum Führerwerk über dieses landschaftlich so reizvolle Gebiet. Zwölf runde Granitdome säumen die Straße zu dem tiefblauen Tenaya Lake. Die gleißenden Kuppen, deren Unnahbarkeit durch goldgelbe und schwarze Streifen aufgelockert wird, bieten phantastische Wandklettereien an Noppen und Leisten. Somit ist Tuolumne ein willkommener Tapetenwechsel für die eintönigen Risse, den Rummel und die Enge des nahen Yosemitetals.

Der waldige Campground nahe der weiten „Meadow" ist idealer Ausgangspunkt für alle Dome, doch ohne Auto ist man trotzdem aufgeschmissen. Die Routen sind meist mit Bohrhaken gesichert, die im Vorstieg geschlagen wurden. Diese Ethik ist auch der Grund für manche Psychoroute, in der mit weiten Stürzen gerechnet werden muß. Besonders die Kletterei an den senkrechten Noppenwänden ist recht gefährlich, da diese in wenig begangenen Routen unvermutet abbrechen können. Tuolumne ist vor allem ein Gebiet für den Genußkletterer im V. und VI. Grad, den die wenig Kraft erfordernden Sportklettereien in der alpinen Umgebung begeistern werden.

◀ Knorrige Bäume zieren das von Gletschern geschliffene Hochland.

Lagerfeuer am Tenaya-See. ▶

Wolfgang Güllich in der berüchtigten „Run-out"-Route „Bachar-Yerian" (5.11 b). Trotz der unvermutet brechenden Noppen betragen die Bohrhakenabstände bis zu zehn Meter. Selbst Jerry Moffatt legte hier einen Fünfzehn-Meter-Sturz ein. ▶

Wolfgang Güllich in „Electric Africa" (5.12c), Pywiack Dome. ▶

◄ Im Hochland von Tuolumne erheben sich rund um den tiefblauen Tenaya-See glattgeschliffene Granitdome.

In Joshua kann man alles erreichen. ►

Heinz Zak

Joshua Tree

„Take-Off-Point": Ein Platz, an dem die Gedanken schneller fliegen, die Phantasie höhere Wogen schlägt, ein Platz, an dem man ohne Drogen ausflippen kann — *Joshua!* Die Schnellebigkeit und der Lärm unserer Zeit verpuffen in der drückenden Hitze — hier ist die Natur das Maß aller Dinge, bei vierzig Grad im Schatten ersetzt die Sonne den Terminkalender. Wir stehen mit der Sonne auf, suchen mittags Schutz vor ihr in einer windigen Höhle und erleben jeden Sonnenuntergang als Feuerwerk. Die bleierne Schwere der Mittagshitze birgt eine angenehme Reizarmut, bringt innerliche Ruhe und Zeit zum Nachdenken. Ehrgeiz und Wettstreitgedanken verdränge ich aus Selbstschutz vor Frustrationen — bei solchen Temperaturen ist an schweres Klettern nicht zu denken. Warum wir dann hier bleiben, sechs Wochen lang? Abends belebt ein frischer Wind die Sinne, steigert die Erlebnisfähigkeit. Voll Energie genießen wir die Kletterei an den orange leuchtenden Granitdomen, wandern durch Phantasielandschaften aus bizarren Boulderblöcken oder fahren einfach mit dem Auto durch den Kakteenwald. Freude, Ruhe, Zufriedenheit . . .

Joshua Tree ist ein „National Monument", zweieinhalb Autostunden östlich von Los Angeles gelegen. In einem von sanften Bergrücken umsäumten Kakteenhochland stehen zahllose Granitdome von unterschiedlichster Gestalt und Größe. Eine schmale Asphaltstraße führt von Joshua durch das Monument nach Twentynine Palms. Ihr entlang liegen mehrere Campgrounds, die kostenlos benutzt werden dürfen. Ein Glück, daß es hier kein Wasser gibt! Ansonsten wäre Joshua schon längst ein „National Park" mit all den schrecklichen Begleiterscheinungen wie Rangern, hohen Camp-Gebühren, Aufenthaltslimits und anderen Unerfreulichkeiten, wie sie etwa im Yosemite Valley üblich sind. Vorräte und Wasser müssen von Yucca Valley, wo es gute Supermärkte gibt, oder von Joshua mitgebracht werden, die dreißig beziehungsweise zwanzig Kilometer vom Hidden Valley Campground entfernt liegen. Per Autostop nach Joshua zu fahren, rentiert sich kaum. Wir benötigten bei der wenig frequentierten Straße fast einen Tag zum Einkaufen, außerdem sind die einzelnen Klettergebiete bis zu zwanzig Kilometer entfernt. Die Aktivitäten am Fels konzentrieren sich daher auf die Campgrounds und deren nähere Umgebung. Sandpisten führen zu abgelegenen Gebieten wie Barker Dam, wo es nach regenreichen Wintern Wasser gibt, oder Equinox. Joshua ist ein Ganz-Jahres-Klettergebiet, doch vorzuziehen sind die Monate April und Mai (Kakteenblüte).

Klettern in Joshua Tree

Joshua bedeutet: Klettern an Granit. Für viele Freeclimbing-Freaks hat dies einen bitteren Beigeschmack. Schließlich könnten sie ihre Beweglichkeit und Kreativität in den langweiligen Rissen nicht wie gewohnt zur Geltung bringen. Doch in Joshua gibt es nicht nur bizarre Felsformationen von exotischer Vielfalt, auch der Fels bietet ungeahnte Möglichkeiten: steile Reibungsklettereien auf die runden Dome („EBGB's", 5.11 a), senkrecht bis überhängende Wandklettereien an millimeterbreiten Schuppen („Indian Giver", 5.11 b), überhängende Griff- und Lochklettereien an Bierkrughenkeln (z. B. im Hidden Valley in einer Schlucht links des „Tumbling Rainbow") und natürlich Risse in allen Variationen. Der Granit ist grobkörnig und extrem rauh. (Beim täglichen Routenprogramm empfiehlt sich eine

◀ Barker Dam in Joshua. In regenreichen Wintern entsteht in dieser Steinwüste ein See.

hautschonende Kombination von Wand- und Rißklettereien.) Tape ist für steile Risse unbedingt erforderlich. Gesichert wird möglichst mit Klemmkeilen und Friends, Bohrhaken sind selten. Schlecht gesicherte Wege werden meist *toprope* geklettert und irgendeinmal solo gemacht („Leave it to Beaver", 5.11 d, am Sportschallenge Rock, *free solo* von J. Yablonski). Die spielerischen Formen und die Kürze der Wege verlocken zum Soloklettern, aber auch zehn Meter sind oft schon zu hoch . . . (vgl. John Longs Artikel „Reine Gotteslästerung").

Geschichte

Als die hohen Wände im Yosemite und im Tahquitz von Hammerschlägen widerhallten, war Joshua nur ein Ausweichziel für Schlechtwetter. Bei einem gemütlichen Familienpicknick hangelte man sich die Risse rund um den Campground hinauf, worauf abends am Lagerfeuer ausgiebig gefeiert wurde — ein Brauch, den sich heutzutage leider nur wenige Spitzenkletterer leisten können, denn ihre Traumform würde ja nachhaltig darunter leiden! Mitte der sechziger Jahre kletterte die Gruppe „Desert Rats" viele der offensichtlichen Wege im Hidden Valley Campground. Obwohl in den Gunks, im Eldorado und Yosemite bereits 5.11 erreicht worden war, interessierten sich die Stars kaum für Joshua. Erst 1972 wurde hier von John Long die erste 5.11-Route eröffnet („Jumping Jack Crack"). John und seine Freunde (T. Sorenson, R. Accomozzo, R. Harrison, J. Wilson) entdeckten viele neue Gebiete abseits der Campgrounds. Erst John Bachar machte seinen Playground durch Wege wie „Equinox" zum Ziel für Extremkletterer. Alle schwierigen Wege waren höhere Boulderprobleme, die vorerst nur toprope geklettert wurden.

Toprouten:
Moonbeam (5.13 a, J. Bachar)
Asteroid Crack (5.12 d, A. Watts)

Beste Routen:
Equinox (5.12 d, Fingerriß)
More Monkey Than Funky (5.11 b, 3-m-Rißdach)
Leave it to Beaver (5.11 d, Wand)
Geronimo Overhang (5.7, 1,5-m-Dach)

John Long war einer der kalifornischen Freaks, die anfangs der 70er Jahre das Freiklettern aus der Taufe hoben. Dieser Muskelberg (1,90 m groß, 90 kg schwer), ein körperliches und geistiges Energiebündel, ist ein Allroundkletterer. Neben schwersten Bouldern (B 2) gelangen ihm Freeclimbs („Phoenix", 5.13 a) und Technohämmer (bis A 5).

John Long

Reine Gotteslästerung

Da ich bei einer Geschwindigkeit über 80 Meilen pro Stunde ins Gefängnis wandern kann, fahre ich klugerweise mit 79 dahin. Tobin fuhr 100, bis sein „Datsun" den Geist aufgab. Sein Tod bei einem Alleinbegehungsversuch der Nordwand des Mt. Albert war für mich keine Überraschung — Tobin wußte nie, wann es genug war. Durch blinden Ehrgeiz, gekoppelt mit einer nicht vorhandenen Angstschwelle, war er dem Alleingehen verfallen. Ich denke in diesem Zusammenhang auch an Joshua Tree National Monument, wo erst kürzlich ein anderer Kamerad beim Soloklettern tödlich verunglückt war. Nach seinem Absturz inspizierte ich

Finuco Martinez bei einem Versuch am Asteroid Crack (5.12 d). ▶

John Long geht mit seiner Freundin zum Bouldern.

die Felsen unter der Route. Schaudernd betrachtete ich die dreckig braunen Blutstreifen, die wie durch einen Fleischwolf getriebenen Fleischbrocken und die verstreuten Haarbüschel: Soloklettern ist unverzeihlich! Trotzdem verdränge ich diese Unglücksfälle und rede mir ein, daß sie vermeidbar sind. Soloklettern ist sicher, solange man realistisch bleibt und sich nicht von anderen oder seinem Ego aufhetzen läßt.

Bald ist Joshua erreicht. Nach einer frostigen Nacht kommt die Sonne über den flachen Horizont und vergoldet die zahllosen Felsen, die weit verstreut den Wüstenteppich zieren. Die größten Steine sind kaum höher als fünfzig Meter. In dem Klettergebiet, das morgens so angenehm von der Sonne beschienen wird, treffe ich John Bachar, der zu den weltbesten Freikletterern zählt. John ist schon seit zwei Monaten in Joshua, und seine Solokunststückchen setzen jedermann in Erstaunen. Da es Winter ist, beschränkt die Schule meine Kletteraktivitäten auf die Wochenenden. Ich bin zwar ungemein motiviert, aber nur mittelmäßig in Form. Bachar schlägt einen „Half-Dome-Tag" vor; die Nordwand des Half Dome ist über sechshundert Meter hoch, wir müssen also hier in Joshua 18 Seillängen klettern, um etwas zu schaffen, was ihrer Durchsteigung entspricht. Schnell hat sich Bachar die Schuhe angezogen und bindet sich selbstbewußt die Schnur mit dem Magnesiasack um die Taille. „Fertig"? Erst jetzt wird mir klar, daß er die ganzen Routen *solo* klettern will. Um mein Gesicht nicht zu verlieren, stimme ich zu und denke dabei: Wenn er etwas Wahnwitziges klettert, mache ich einfach nicht mit.

Wir beginnen mit bekannten Routen, verklemmen Füße und Hände in senkrechten Rissen, treten mit den Zehen in den hautengen Schuhen auf winzige Tritte, ziehen uns über Dächer an runden Knirpeln, pressen die Handflächen gegen den rauhen Fels und haben Spaß dabei. Wir klettern solo, ohne Seil! Eine leise Stimme fragt manchmal, wie stark eine fünf Millimeter breite Schuppe wohl sein mag. Wenn's kritisch wird, versuche ich den Druck der Zehen oder Hände auf die ganze Schuppe zu verteilen und ziehe oder drücke nur ganz sanft. Nach drei Stunden liegen zwölf Routen hinter uns und wir fühlen uns unbesiegbar. Allmählich werden wir langsamer, aber bis 14.30 Uhr haben wir zwanzig Seillängen

◀ Finuco Martinez im „Equinox" (5.12d). Ein zwanzig Meter hoher, mauerglatter Pfeiler wird von einem perfekten Fingerriß gespalten. In der Route ist kein Tritt breiter als ein Zentimeter!

Heinz Zak in „Sole Fusion" (5.12a). Kurz, aber anspruchsvoll ist diese luftige Wandkletterei. ▶

teils im VII. Grad geklettert. Als Finale schlägt Bachar die Alleinbegehung einer Route im VIII. Grad vor — für jedermann eine ungemeine Herausforderung. Der VIII. Grad ist mein Winterlimit — wenn ich frisch und konzentriert bin... Jetzt aber fühle ich mich ausgebrannt und schwerfällig von den zurückgelegten sechshundert Metern, nachdem ich mich die letzten vier oder fünf Seillängen mit letzter Willenskraft hinaufgeschunden habe. Trotzdem schlendern wir zum Intersections Rock, dem Treffpunkt der Szene. An ihm absolviert Bachar ständig sein letztes Solo. Er verschwendet keine Zeit. Alle Zuschauer erstarren zu Salzsäulen, als er beginnt. Er bewegt sich mit eiskalter Präzision, krallt seine Fingerspitzen in seichte Griffe der 105 Grad steilen Wand. Genauestens verfolge ich seine Bewegungen und versuche mir die Griffolge einzuprägen. Nach fünfzehn Metern rastet er kurz unter der Schlüsselstelle. Mit dem linken Fuß spreizt er auf eine abschüssige Delle, nimmt einen winzigen Zangengriff und zieht zu einem Bierkrughenkel durch. Über die letzten dreißig Meter, die absolut senkrecht sind, spaziert er nur noch hinauf. Aufgrund meiner Schuhe, des Magnesiumsacks und meines guten Rufs hat mich die Menschenmenge mit ihrer herzlosen Sensationslust bereits überredet. Alle Augen starren auf mich, als ob sie sagen wollten: „Na was ist?!"

Bei John hat es eigentlich recht einfach ausgesehen, denke ich mir, als ich zu einem Riß hinaufklettere. Mit mehreren hörbaren Atemzügen versuche ich, wenigstens mich selbst, wenn schon nicht die anderen, zu überzeugen. Eine Körperlänge von einfachen Zügen, dann kommen diese fragwürdigen Griffe, die ich genau überprüfe, bevor ich mit aller Kraft daran ziehe. Fünfzehn Meter gehen schnell vorbei, ganz unbewußt. Plötzlich, als ich mit dem Fuß auf die abschüssige Delle spreize, kommt mir die fröstelnde Erkenntnis, daß ich in der Aufregung die Griffolge vermasselt habe. Zu tief sitzen meine Hände an dem schlechten Zangengriff, den ich mit ständig schwindender Kraft umklammere, während mein Fuß zittert und ich verzweifelt bin. Mir geht es durch den Kopf, ob und wann mein Körper aufgeben und wie ein Senkblei vor den herzlosen Salzsäulen einschlagen wird, nachdem er die Luft wie ein Mauersegler durchschnitten hat. Bei einem kurzen Blick hinunter dreht es mir bei dem Gedanken an den scheußlichen Sturz auf die Felsbrocken die Eingeweide um. Die „leise" Stimme brüllt jetzt: „Mach was! Pronto!" Der Atem geht keuchend, die Arme, ausgebrannt von den sechshundert Metern, fühlen sich wie Titan-Beefsteaks an. Während ich die Schwarte halte, stelle ich meine Füße höher, um meine Hand in einem seichten Riß verklemmen zu können. Der Riß ist zu seicht und nur ein Drittel meiner Hand klemmt darin. Ich stecke fest, habe furchtbare Angst, und meine ganze Existenz konzentriert sich auf einen spitzen Stein, der alles in mir zu verbrennen scheint, wie der glühend heiße Brennpunkt eines Vergrößerungsglases. Beschämt erkenne ich die Gotteslästerung. Willentlich habe ich meine Existenz gefährdet. Das ekelt mich an. Ich weiß, daß verschwendete Sekunden schlimme Folgen haben könnten — dann ein Blitz, die Welt bleibt stehen, oder ist es der Selbsterhaltungstrieb, der meine Gehirngänge antreibt. In der Zeit, in der ein Kolibri einmal seine Flügel bewegt, habe ich begriffen, daß ich eine unerbittliche Lebenssehnsucht habe. Aber mein Bedauern kann meine Situation nicht ändern: Arme steinhart, Beine wabbelnd, Kopf hochrot. Meine Angst hat sich selbst verschlungen und läßt mich hohl und krank zurück. Aufgeben wäre einfach. Eine andere leise Stimme flüstert gelassen: „Stirb wenigstens beim Probieren der Stelle!" Zustimmend bohre ich meine zit-

Hansjörg Leis in „Diamond Dogs" (5.10 a).

ternde Hand erneut in den seichten Riß. Wenn ich doch diesen einzigen Zug noch schaffen würde. An einem guten Griff könnte ich mich vor der Schlußwand erholen. Ich fürchte mich vor den Begutachtern meiner verdrehten Hand, die nun lächerlich schlecht im Riß steckt. Sie *muß* meine neunzig Kilo halten, doch in dieser überhängenden Wand scheint dies ein wahnwitziger Anspruch, ja unmöglich zu sein. Endlos lang ist mein Körper in dieser verkrampften Stellung, aber der Kolibri hat sich noch keinen Millimeter weiterbewegt. Meine verklemmte Hand sagt: „Niemals!", aber diese andere leise Stimme fügt hinzu: „Du könntest es zumindest versuchen." Ich ziehe mich langsam höher — der Fuß steht immer noch auf der abschüssigen Leiste — und der große Griff ist in greifbarer Nähe . . . Beinahe habe ich ihn — jetzt! Gleichzeitig fetzt meine rechte Hand aus dem Riß und mein linker Fuß rutscht ab; mein ganzes Gewicht hängt an einem geschwächten linken Arm. Adrenalin katapultiert mich auf den nächsten Griff, und endlich kann ich mein Gewicht auf die Füße verteilen. Ich zittere wie Espenlaub.

Der Kolibri ist schon halb nach Tasmanien geflogen, bevor ich den Weiterweg in Angriff nehme. Lieber würde ich mir die Weisheitszähne mit einer Kombizange herausreißen. Tanzende, schwarze Kreise trüben meine Wahrnehmungen, als ich schließlich den Gipfel erreiche. „Hast etwas zittrig ausgeschaut", krächzt Bachar und stimmt ein süßes, umwerfendes Kichern an.

In dieser Nacht habe ich mir in der Stadt einen Rausch angetrunken, und sonntags, als Bachar einen „El-Capitan-Tag" (tausend Klettermeter) am Plan hatte, wanderte ich lustlos durch dunkle Wüstenschluchten, forschte nach Schildkröten, machte Girlanden aus Blumen, und tat all die Dinge, die jemand tut, der auf geborgter Zeit lebt.

Obwohl die Smith Rocks tausend Kilometer nördlich des Yosemite liegen, herrscht hier ein wüstenähnliches Klima, das ideale Kletterbedingungen schafft. ▶

Alan Watts in „Split Image" (5.12 d).

Durch Publikationen über die Smith Rocks wurde Alan Watts über Nacht zum amerikanischen Topstar. Unbeachtet hatte dieser junge, sympathische Kletterer in den letzten Jahren die schwierigsten Wege in den USA eröffnet („East Face of Monkey Face"). Bestechend ist sein eleganter Kletterstil und das gute Auge für Erstbegehungen. In den Smith Rocks wurden von sechzig Wegen im Grad 5.12 beziehungsweise 5.13 nur einer nicht von Alan Watts eröffnet.

Alan Watts

Klettergebiet mit Zukunft: Smith Rock

Da in den letzten Jahren aus den USA kaum mehr Erstbegehungen in den obersten Schwierigkeitsgraden bekannt wurden, setzte sich die Überzeugung durch, daß die Kletterszene der Vereinigten Staaten, einst weltweit führend, allmählich stagniere. Und tatsächlich stieg das Kletterniveau in anderen Teilen der Welt deutlich schneller an als in den bekannten Modegebieten der USA. Doch die Vereinigten Staaten sind ein riesiges Land mit fast unbegrenzt vielen Klettermöglichkeiten. Während einige auserwählte Regionen das Interesse der Kletterwelt auf sich zogen, entwickelte sich in anderen, geheimen Gebieten ein neuer Stil des Kletterns.
Eines dieser Gebiete ist Smith Rock, fast tausend Kilometer nördlich des Yosemite Valley, im Zentrum des Bundesstaates Oregon. Dort ist das Kletterniveau heute höher als in den meisten anderen Regionen; die schwierigsten Routen sind sogar einzigartig in Amerika — wenn nicht weltweit.
Was macht Smith Rock nun so besonders?

◀ Georg Walch in „Sunshine Diheadral" (5.12a). Bestechend ist die Linie dieser vierzig Meter hohen Verschneidungskletterei.

Alan Watts in „Chain Reaction" (5.12c). ▶

Meistens versteht man unter dem Klettern in Amerika Rißklettereien nach Yosemite-Art. Nicht ganz zu Unrecht, denn nahezu sämtliche Klettergebiete an der amerikanischen Westküste bestehen aus Granit. Auch „Smith" ist vulkanischen Ursprungs, doch dominieren hier nicht glattgeschliffene, grifflose Granitplatten, sondern ein vielfältig strukturiertes Gestein, eine Mischung aus Basalt und zusammengeschmolzenem Tuff, dessen Charakter stark an Kalkriffe Südfrankreichs erinnert.

Die meisten Routen sind steile Wandklettereien, fast immer senkrecht, übersät mit Fingerlöchern und kleinen Griffleisten, so daß in den bis zu fünfzig Meter hohen Wänden fast überall, wenn auch in unterschiedlichen Schwierigkeitsgraden, geklettert werden kann. Die Vielfalt des Gesteins, das fast unbegrenzte Klettermöglichkeiten bietet, erklärt auch die, vor allem für amerikanische Verhältnisse, ungewöhnliche Routendichte in den oberen Schwierigkeitsgraden: Zur Zeit existieren sechzig (!) Routen im Schwierigkeitsgrad 5.12 und darüber (nach UIAA von VIII+ aufwärts) an den Felsmassiven links und rechts des Crooked River.

Obwohl schon in den vierziger Jahren die ersten Kletterer in Smith Rock auftauchten, sollte es noch weitere zwanzig Jahre dauern, bis die ersten bedeutenden Routen entstanden. Das Ziel war es stets, den Gipfel der zahlreichen Felstürme zu erreichen. Jedes Mittel wurde dabei angewendet, Bohrhakenleitern ebenso wie ein über den Gipfel geschossenes Hilfsseil. Freie Klettereien blieben in jener Zeit die große Ausnahme, und so ist es auch verständlich, daß die Jim-Ramsey-Route „The Awl" (5.10c) über ein Jahrzehnt lang der schwierigste Anstieg des Gebietes blieb. Das Freikletterniveau von Smith Rock in den späten siebziger Jahren dokumentieren die beiden 1979 von Jeff Thomas erstbegangenen Routen „Wartley's Revenge" und „Shoes of a Fisherman" (beide

◀ Der leichteste Anstieg auf den siebzig Meter hohen Turm „Monkey Face" erfordert Kletterei im VIII. Grad.

Alan Watts im „East Face" (5.13c/d). Diese 42 Meter hohe, überhängende Seillänge ist der schwerste Weg der USA. Am Ende eines großen Überhangs führen mehrere dynamische Züge in leichteres Gelände. ▶

5.11 a/b). Im gleichen Jahr eröffnete Tony Yaniro in Lake Tahoe, sechshundert Kilometer weiter südlich, sein berühmtes Dach „Grand Illusion", das ganze zwei Grade schwieriger war (5.13 a/b).

Kaum mit dem Freiklettern in Kontakt gekommen, wäre Smith Rock bereits wieder in der Versenkung verschwunden, wenn nicht Chris Jones neue Impulse und Ideen in dieses Gebiet gebracht hätte. Er war der erste, der hier mit wissenschaftlicher Analyse das Klettern und das Training betrieb. Seine Erstbegehung des Fingerrisses „Rising Expectations" (5.11 d) gab dem sportlichen Klettern in Oregon die so dringend notwendigen neuen Impulse. Junge Kletterer folgten mit Begeisterung in den Fußstapfen von Chris Jones, trainierten mit besessener Hingabe und kletterten täglich. Die ersten erkennbaren Früchte trugen diese Anstrengungen im Jahr 1981, als Smith Rock die ersten Routen im Schwierigkeitsgrad 5.12 sah: die freie Begehung der Route „North-West Passage" am Monkey Face und das Rißdach „Smut". In den darauffolgenden Jahren, die wir gerne als die „Goldenen Jahre des Freikletterns" bezeichnen, stieg das Kletterniveau der jeweils schwierigsten Routen sprunghaft an: 1982 war „Midnight Snack" (5.12 b/c), eine anstrengende Untergriffhangel, der Höhepunkt.

1983 folgte eine neue Generation von bohrhakengesicherten Wandklettereien: „Chain Reaction" (5.12 c), eine atemberaubende Kante, „Last Waltz" (5.12 b/c) und vor allem die freie Begehung der ersten Seillänge der „Monkey-Face-Ostwand", ein phantastischer, überhängender Fingerriß (5.12 c/d).

1984 ging die Erschließung mit atemberaubender Geschwindigkeit weiter, wobei „Double Stain" aus der Vielzahl neuer Anstiege deutlich herausragt. Mehrere Tage und ungezählte Versuche waren notwendig, um die erste Route

◀ Georg Walch im „Karate Crack" (5.10a).

im Schwierigkeitsgrad 5.13 in Smith Rock zu eröffnen. Von der Schwierigkeit mit dem berühmten „Sphinx Crack" in South Platte, Colorado, zu vergleichen (5.13 a/b), wartet „Double Stain" immer noch auf eine Wiederholung. Bereits einige Wochen später gab es eine erneute Steigerung, nämlich die erste freie Begehung der zweiten Seillänge an der Monkey-Face-Ostwand. Diese Riß- und Wandkletterei übertrifft alle anderen Routen in Smith Rock mit Abstand und wird mit 5.13c bewertet. Auch das Jahr 1985 stand noch einmal ganz im Zeichen des Monkey Face. Nach tagelangen Versuchen gelang es, die Ostwand, die bisher immer in zwei Seillängen geklettert wurde, ohne Zwischenstand zu durchklettern; 5.13d und die zur Zeit schwierigste Kletterei der USA waren das Ergebnis. Doch ein Endpunkt ist damit in Smith Rock längst noch nicht erreicht; zahlreiche weitere Routen sind bereits „in Arbeit".

Der Hauptgrund für die enorme Schwierigkeitsexplosion in solch kurzer Zeit liegt in der Abgeschiedenheit von „Smith". Hier entstand, losgelöst von der strengen, oftmals die Kletterentwicklung hemmenden Ethik anderer Regionen, ein eigenständiger Stil, der vor allem von den gebietsspezifischen Gesteinseigenarten geprägt wurde. Seit 1980 wurde ziemlich jede neue Route von oben eingerichtet. Das bedeutet, daß beim Abseilen der Anstieg geputzt und von losem Fels befreit wird; auch die notwendigen Bohrhaken setzt man von oben. Wäre nicht in diesem Stil an Erstbegehungen herangegangen worden, gäbe es keine einzige lohnende Route in Smith Rock, sie wären ausnahmslos schmutzige Schottertouren. Stecken dann die erforderlichen Sicherungen, werden die Anstiege von unten, also im Vorstieg, versucht. Die schwierigsten Stellen müssen meistens ausgebouldert werden, doch traditionsgemäß gilt in „Smith" eine freie Begehung erst dann, wenn sie „rotpunkt", also ohne Belastung einer einzigen Zwischensicherung, durchgeführt wird. In jüngster Zeit gewinnt das „Yo-Yoing" mehr und mehr an Bedeutung, denn es reduziert die Begehungszeit einer schwierigen Route erheblich; doch selbst mit dieser Methode sind für die härtesten Klettereien in Smith Rock bis jetzt immer noch mehrere Tage notwendig gewesen.

Die Hauptattraktion von Smith Rock sind zweifelsohne die zahlreichen extrem schwierigen Routen. Ähnlich viele Anstiege im Schwierigkeitsgrad 5.12 und 5.13 findet man in keinem anderen amerikanischen Klettergebiet. Doch auch die Landschaft ist faszinierend, ein für Oregon gänzlich untypisches Savannental, durch das sich der Crooked River hindurchschlängelt und an dessen Hängen malerische Felsmassive aufragen. Bis heute kennt erstaunlicherweise kaum ein amerikanischer Kletterer dieses einzigartige Gebiet, und die wenigen auswärtigen Besucher in Smith Rock kamen bisher aus Europa. Eine „Szene", wie man sie etwa aus dem legendären Camp IV im Yosemite Valley gewohnt ist, gibt es bislang in Smith Rock noch nicht, doch die nächsten Jahre werden sie mit Sicherheit bringen. Und es wird an den Kletterern selbst liegen, ob die Atmosphäre hier weiterhin so angenehm bleibt. Wir hoffen es, denn auf jeden Fall ist Smith Rock das amerikanische Klettergebiet der Zukunft.

Wolfgang Güllich in „Vandals" (5.13 a). Diese weitausladende Dachroute ist gegenwärtig der härteste Weg in den Shawangunks.

Heinz Zak

Shawangunks: Bohrhaken sind tabu

Die Shawangunks im Staat New York sind nicht nur geographisch ein Gegenpol zum Yosemite in Kalifornien. Es gibt hier keine Hollywoodkulissen wie den El Capitan oder den Half Dome; nur ein unscheinbares Felsband säumt die dichtbewaldeten Hügel, die ob ihrer Zeitlosigkeit schon im Märchen „Rip Van Winkle" beschrieben wurden. Die Shawangunks liegen zwei Autostunden nördlich von New York in der Nähe der kleinen Stadt New Paltz. Dort gibt es Supermärkte und nette Cafés.

Die waagrecht geschichteten Felsen aus festem Quarzkonglomerat bieten phantastische Wand- und Dachklettereien in jedem Schwierigkeitsbereich. Besonders zu empfehlen sind die Routen am Sky Top, weil hier kein Wald das allgemein feuchte Klima noch verstärkt. Die beste Kletterzeit ist sicher im Herbst, wenn es kühler wird und ein frischer Wind die Moskitos verscheucht. Ein Satz Friends, Klemmkeile und RP's sind Grundvoraussetzung.

Beste Routen:
High Exposure (5.6)
Classic (5.7)
Arrow (5.8)
Bonnie's Roof (5.9)
Yellow Mellow (5.10)

An der freistehenden Klippe Sky Top weht meist ein frischer Wind, der das Klettern auch im Sommer erträglich macht.

Foops (5.11)
Open Cockpit (5.11+)
Kansas City (5.12)
Supercrack (5.12+)

Im Jahr 1935 entdeckten der aus der DDR emigrierte Elbsandsteinkletterer Fritz Wiessner und John und Peggy Novas das zarte Felsband. Durch die Entdeckung und Erschließung zahlreicher Gebiete in einem vorbildlichen Stil in den Shawangunks wurde Wiessner zum Idol späterer Klettergenerationen. (Es ist bis heute kein Bohrhaken geschlagen worden!) Als Wiessner aus beruflichen Gründen New York verlassen mußte, setzte sich der Stil seines Seilgefährten Hans Krauss durch. Krauss kam aus den Dolomiten und befürwortete Haken. In den sechziger Jahren hatte sich als Alternative zum konservativen Alpenclub eine Gruppe leistungsstarker Kletterer im Verein „The Vulgarians" zusammengeschlossen. Die Shawangunks wurden durch dessen Mitglieder Jim McCarthy, John Stannard, Steve Wunsch, Henry Barber und John Bragg zum führenden Freiklettergebiet der USA. Besonders John Stannard war durch seinen hartnäckigen Stil — er probierte schwere Stellen immer wieder — seiner Zeit weit voraus. Das von ihm 1970 erstbegangene Drei-Meter-Dach „Foops" zählte nun zu den berühmtesten 5.11er Wegen des Kontinents. Ein Jahr später definierte Stannard durch den Fingerriß „Persistent" den Grad 5.11+. John Bragg eröffnete mit der Route „Kansas City" den ersten Weg im Schwierigkeitsbereich 5.12, und bereits 1974 kletterte Steve Wunsch den „Supercrack" (5.12+), der erst nach drei Jahren das erste Mal wiederholt werden konnte. Mark Robinson, Mike Sawicky, Russ Raffa und Russ Clune waren nun die neue Generation der Shawangunks-Experten, die im klassischen Stil anspruchsvollste Wege eröffnen konnten (z. B. „Vandals", 5.13).

In den Needles ragen zahllose schlanke Nadeln aus den Wäldern der Black Hills.

Kilometerlang sind die Sandsteinwände im Indian Creek Canyon. Wer gerne Risse klettert, ist hier am richtigen Ort.

◀ Der perfekte Handriß „Supercrack" (5.10 a) ist eine der beliebten Routen im Indian Creek Canyon.

◀ Nur mit Piaztechnik kann man diesen parallelen Riß im Indian Creek Canyon überlisten.

Heinz Zak
Weitere Klettergebiete

Eldorado Canyon

Die eindrucksvollen Sandsteinwände des Eldorado Canyon gelten als eines der Kletterzentren der USA. Jim Ericson eröffnete hier eine der ersten 5.10er Routen, Steve Wunsch gelang mit dem „Psycho Roof" (5.12+) ein beeindruckendes Fünf-Meter-Dach, das lange als schwerster Weg im Canyon galt. Erst Jim Collins konnte mit „Genesis" (5.12+) noch eine Steigerung bringen. Der neue Star im Eldorado Canyon ist Christian Griffiths, der durch Wege wie „Paris Girls" (5.12+) und andere neue Projekte frischen Wind in die Szene brachte.

Eisenfest ist der rotbraune Sandstein im Canyon. Sofort stechen die Wände der Bastille und der Redgarden Wall ins Auge. Besonders auffällig ist an jener eine zweihundert Meter hohe Kante („Naked Edge", 5.11), die zu den großen Klassikern des Gebietes zählt. Genauso markant ist eine siebzig Meter lange Dachzone, etwa fünfzehn Meter über dem Boden, an der einige luftige Probleme warten. Die eindrucksvollsten Routen im Eldorado Canyon sind „Wisdom Roof" (5.11+) und „Psycho Roof" (5.12+). Obwohl es sich um Wandklettereien handelt, muß man die Wege meist mit Klemmkeilen sichern; RP's sind besonders wichtig.

Wüstengebiete in Utah

An bizarren Sandsteintürmen und Talabbrüchen findet sich ein unerschöpfliches Angebot an Rißklettereien. Leider ist der Fels nicht überall fest und die sandigen, parallel verlaufenden Risse sind dann nicht einmal mit „Friends" gut abzusichern. In den Sommermonaten ist es zum Klettern fast zu heiß; trotzdem lohnt sich ein Abstecher in das Tal des Indian Creek, wo es nur zehn Minuten vom Auto entfernt hunderte guter Risse gibt („Supercrack of the Desert"). Die lohnendste Felsnadel ist der Moses Tower (180 m, 5.11).

Moses Tower

Bauchtief sitzen wir im kühlenden Wasser des Colorado. Bei Eis und Melone läßt sich die Hitze von 45 Grad im Schatten recht gut verkraften. Da ist dann auch schnell der Entschluß gefaßt: Wir wagen einen Versuch an der 180 Meter hohen Nadel „Moses Tower". Auf kaum befahrenen Sandwegen rattern wir über eine karge Hochfläche Richtung Taylor Canyon. Blutrot geht die Sonne unter, als wolle sie uns warnen vor der Hitze des nächsten Tages. In der Morgendämmerung ziehen wir los, doch erreichen wir den Canyonrand erst nach zwei Stunden. Wie ein steinerner Wächter ragt der Moses Tower aus dem Schluchtgrund. Wortlos, enttäuscht und voller Zweifel starren wir auf die brüchigen Sandsteinwände des Canyons, die wir beim Rückweg wieder heraufklettern werden müssen. Als Alternative der Weg durch den Canyon? Vierzig Kilometer sind es bis zur nächsten Ortschaft, also kein Ausweg bei der geringen Wassermenge von einem Liter pro Mann! Sollten wir das langersehnte Ziel aufgeben? Bernards Optimismus siegt.

Nach einer luftigen Abseilfahrt stolpern wir über Geröll zum Fuß des Turms. Die flirrende Luft ist dick und schluckt jedes Geräusch. Die gnadenlose Hitze scheint alles zu töten, nicht einmal Schlangen halten es hier aus. Nur wenige Griffe und Tritte finden wir in den rotbraunen Plattenpanzern, die von parallelen, sandigen Rissen durchzogen werden. Am

Standplatz unter einem Dach wird die Hitze unerträglich. Brechreiz, Übelkeit — während Bernard sich über das Dach schwingt, muß ich mich übergeben. Nach kraftraubenden, schlecht zu sichernden Rissen stehen wir am etwa zwei Quadratmeter großen Gipfel ... Schnell seilen wir in den flimmernden Canyon zurück, warten dort im Schatten auf den Abend. Wir müssen unser nächstes Ziel, die Hochfläche, erreichen. Brüchiger Fels, keine Sicherungen — verschwommen sind die Eindrücke von der Kletterei an den Canyonwänden.
Sterne begleiten uns auf dem endlosen Weg über die Hochfläche. Am Horizont funkelt auch unser Stern — das Lagerfeuer der Freunde.

Needles

Unzählige Felsnadeln von zehn bis siebzig Metern Höhe ragen aus den Wäldern der Black Hills in Süddakota. Kühne Wandkletterei an Quarzknirpeln verlangt ein gutes Auge und sehr gute Nerven. Am Devil's Lake trafen wir einen etwa vierzigjährigen Mann mit einem kleinen Bäuchlein. Er gab einem Mädchen Anweisungen, wie sie einen Riß (Grad 5.9) klettern sollte. „Was will der schon besser wissen", dachten wir. Als der kleine Mann dann später den Riß nur so hochtanzte, blieb uns der Mund offen: Jim Caldwell war ein Boulderpartner von John Gill und gilt als Erschließer der Needles. Bei der Erstbesteigung der „Supernadel" stand er fünfzehn Meter ohne Sicherung über dem Boden in schwierigstem Gelände. Sein Partner verlor die Nerven, ließ das ohnehin nutzlose Seil los und lief auf die Straße, um Hilfe zu holen. Unterdessen kletterte Caldwell ohne Sicherung an winzigen Quarznoppen auf die dünne Nadel. Absichtlich vermied er dabei einen Streifen größerer Noppen — diese brechen leichter ab ...

Götterdämmerung

Seit einem Monat sind wir per Autostop unterwegs und schleifen zum Kletterzeug auch noch einen riesigen Seesack Fressalien mit. Dafür lassen wir es uns jeden Tag gut schmecken. Gerade zünden wir uns ein Feuerchen an, als — das gibt's doch nicht! Schwarze Wolkenmassen bewegen sich rasch aus den großen Ebenen auf die Black Hills zu. Die werden sich wohl wieder verflüchtigen. Gelassen essen wir weiter. Doch eine Viertelstunde später beendet ein ohrenbetäubendes Krachen unsere Idylle.
Ein heftiges Gewitter entlädt sich über den Needles. Eiergroße Hagelkörner, die wild auf der Straße tanzen, erinnern mich an das Ping-Pong-Kettenreaktionsexperiment mit Tischtennisbällen in einem Walt-Disney-Film. Nach zwanzig langen Minuten ist alles vorbei — und alles naß. Lustlos würgen wir ein schwammnasses Brot hinunter. Doch bevor wir's uns versehen, überbietet ein zweites Gewitter das erste in jeder Hinsicht. Die Ohren singen uns vom nahen Blitzschlag, Bächlein schießen durch den Wald. Wir flüchten vor unserem Baum, der uns als Schutz zu gefährlich wird, und setzen uns in den Regen. Wenigstens hagelt es nicht mehr. Nach dem dritten und vierten Gewitter glauben wir's endlich: Auch in Amerika kann es regnen!
Die Höhle, in der wir trocken geblieben wären, finden wir auf der Suche nach einer geeigneten Wäscheleine — kaum dreißig Meter von unserem unbequemen Platz entfernt — erst, als die Sonne wieder scheint ...

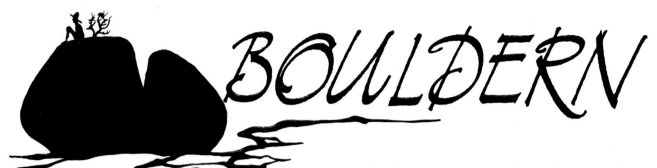

BOULDERN

Heinz Zak

Bouldern — das Spiel mit der Schwerkraft

Bouldern heißt seilfreies Klettern an zwei bis zehn Meter hohen Felsblöcken (englisch = boulder) oder Wänden. Doch diese Definition allein drückt noch lange nicht aus, was Bouldern *bedeutet*. Es unterscheidet sich vom notorischen Klettergartentraining. Bouldern schließt Kreativität sowohl in der Wahl der Griffolge als auch in der Bewegungsform ein. Der Kletterer kann zum Beispiel versuchen, ein Problem bewußt statisch zu klettern oder durch oftmaliges Wiederholen — Einschleifen — fließende Bewegungen zu erreichen. Eine Weiterführung dieses Bewegungsflusses sind Schwungformen, wobei in schwierigsten Bouldern erst die präzise Aneinanderreihung solcher „Dynamos" zum Erfolg führt.

John Gill aus den USA ist der Vater des Boulderns. Bewußt distanzierte er es vom eigentlichen Klettertrend (siehe Artikel).
Um den Unterschied deutlicher zu machen, entwickelte Gill eine eigene Boulderskala von B1 bis B3. Mit B3 ist ein Problem dann zu bewerten, wenn es ein einziges Mal von nur einem Kletterer geklettert werden kann.
Für Gill ist Bouldern ein Spiel mit der Schwerkraft und Freude an der Bewegung. Doch brachte er zunehmend psychische Anforderungen in seine immer luftiger werdenden Boulder. Der Höhepunkt war die zehn Meter hohe Boulderroute „Thimble", B2, in den Needles. Gekonntes und sicheres Abspringen aus jeder Situation und jeder Höhe gehört genauso zum Bouldern wie das Hinauf- beziehungsweise Abklettern. Erst als Gill am „Thimble" die ersten fünf Meter mühelos auf- und abklettern konnte, wagte er sich (immer von unten!) an den oberen Teil des Problems.
Heute verwischen durch die Definition des X. Grades zunehmend die Grenzen zwischen Bouldern und Freiklettern. Laut Wolfgang Güllich beinhaltet der X. Grad neben hoher Ausdauerbelastung unbedingt eine Boulderstelle; dynamische Züge und Deadpoint-Klettern (Greifen im toten Punkt, Begriff von Wolfgang Güllich) sind der Schlüssel zu neuen Dimensionen. Vielleicht wird gerade heute das Bouldern auch als Alternative zum Leistungsdruck in der Sportkletterszene (siehe Gill) wieder attraktiver.

Martin Zak beim Bouldern.

◀ Finuco Martinez im „Midnight Lightening".

Das „Midnight Lightening" (B2) am zehn Meter hohen Columbia Boulder ist die berühmteste Boulderstelle der Welt. Wolfgang Güllich, Yabo (John Yablonski), Finuco Martinez und Erstbegeher John Bachar demonstrieren den Bewegungsablauf. Trotz vieler Versuche hat diese Kletterstelle erst zwölf Begehungen.

John Gill

Bouldern —
eine mystische Kunstform

In der Welt des Bergsteigens gibt es eine Vielzahl von Betätigungsfeldern, die die Temperamente und Interessen dieser vielseitigen Sportart widerspiegeln. An dem einen Ende des Spektrums attackieren großangelegte Expeditionen zunehmend steilere und gefährlichere Flanken der furchterregendsten Berge der Welt, während am anderen Ende das Bouldern, ehemals eine amorphe und suspekte Art, sich zu erholen, eine genauer definierte Form annimmt und an Bedeutung gewinnt, da es mit neuen Maßstäben gemessen wird, die über die Dimension des Kletterns allein weit hinausreichen. Wurde es früher als bloße Trainingsmöglichkeit für das Bergsteigen betrachtet, hat sich das Bouldern nun zu einem Mikrokosmos entwickelt: Darin wird ein glühender Kern von all den athletischen und mystischen Elementen umschlossen, die das gesamte Spektrum des Kletterns ausmachen.

Für die meisten Anhänger bedeutet Bouldern das freie Erklettern von kurzen, extrem schwierigen Routen von einem bis fünf Metern Höhe. Zu dieser objektiven Festlegung kommen noch eine Vielzahl spielerischer Einschränkungen,

Francisco Blanco am Molar Boulder (5.11) in Joshua. ▶

Francisco Blanco solo an einem hohen Boulderblock in Joshua. ▶

die aus der größeren Welt des Kletterns übernommen werden und dazu dienen, eine Hierarchie unter den verschiedenen Spielarten zu errichten. „On-sight"-Begehungen und ungesichertes Soloklettern sind für viele die bewundernswertesten Stilformen des heutigen Kletterns. Somit könnte jemand anfänglich im Bouldern ein verkleinertes Porträt des Sportkletterns erkennen, wobei ein kurzer Blick hinter die Kulissen eine höchst wettkampforientierte und von Herausforderung geprägte Sozialatmosphäre enthüllt.

Vieles spricht für diese Interpretation des Boulderns. Sie berücksichtigt den Umstand, daß es letztendlich über den rein physischen Aspekt des Sports hinausführen kann. Selbst die oberflächlichste Einschätzung des Boulderns muß eingestehen, daß es die Quintessenz der physischen Betätigung des Kletterns ist. Während längere Seillängen Kreativität und Ausdauer erfordern können, verlangen Boulderwege eine Konzentration, Kraft und Einsicht („Durchblick") unter bemerkenswerter Kontrolle. Maximale physische Spannung wird erzeugt, aber ihr Vorhandensein wird oft verhüllt von einer Haltung ruhiger Entschlossenheit, die eine gewisse innere Entspanntheit nach sich zieht. Das „Sich-zur-Schau-Stellen" durchdringt den Sport; der „Gelenkigkeitsfimmel" und ein Hang zur „Show" ist hier größer als anderswo im

◀◀ Am Ostrand der Sierra bei Bishop liegen die riesigen Graniteier der Buttermilkboulder.

◀ Kurt Albert an einem fünfzehn Meter hohen Boulder.

Bouldern

Königreich Klettern. So ist das Bouldern durchaus auch eine Art Jungbrunnen der romantischen Erscheinungsformen des Felskletterns.

Unter engagierten Boulderern ist der Wettkampfgeist so ausgeprägt wie in jeder anderen Sportart. Dieser Wettbewerbsdrang kann zu neuen Dimensionen in der Technik und Verfeinerungen im Stil führen. Obwohl man beim Bouldern klassische Klettertechniken regelmäßig anwendet, entfaltet der Boulderer darüber hinaus dynamische und akrobatische Bewegungsabläufe, die man sonst nirgendwo im Sport findet und die vielleicht einen neuen Stil andeuten. Die graziösen und präzisen Verfeinerungen des traditionellen dynamischen Kletterns werden zwar nicht überall akzeptiert, aber zunehmend in klassischen Routen benutzt.

Der „Puzzle"Faktor repräsentiert eine andere anziehende Facette des Bouldererlebnisses. Boulderwege werden oft als „Probleme" bezeichnet. Dieser Ausdruck betont die intellektuelle Analyse als Vorbedingung der Begehung. Der Intellekt ist jedoch untrennbar an Instinkt und körperliche Fähigkeiten gebunden und kann sich nicht in trockener, akademischer Isolation entwickeln. Diese notwendige Integration von intellektuellen und körperlichen Fähigkeiten machen das Klettern und vor allem das Bouldern attraktiv. Durch die Summe von Bouldererfahrungen werden ursprüngliche Zusammenspiele dieser Elemente wieder freigesetzt, da die künstlichen Barrieren schmelzen. Wir *analysieren* eine Route wieder intellektuell und *fühlen* den Weg in seiner Ganzheit. Er wird durch die formale Analyse nicht erschöpfend zerlegt.

Unsere Beziehung zu einem Boulderweg ist wechselhaft, denn das Boulderproblem ist von Natur aus kein statisches. Es ist als veränderbare, abstrakte Vorstellung lebhafter als ein vorgefaßtes Bewegungsschema. Eine gewisse Stabilität kann natürlich durch ständiges Wiederholen, sprich Einüben, erreicht werden, obwohl viele Kletterer diese Praktik ablehnen, da sie das Klettern auf eine rein sportliche Betätigung reduziert. Doch es gibt auch einen triftigen Grund, der für dieses Einüben spricht: Wiederholte Begehungen erlauben die Isolierung eines beinahe mystischen Elements des Klettererlebnisses — das bewußte Empfinden der Bewegungen (kinästhetisches Bewußtsein).*
Doch ich will von der grundsätzlichen Definition des Boulderns weggehen und den Sport aus meiner persönlichen Perspektive beschreiben, die sich in den letzten zehn Jahren entwickelt hat. Als Hauptziel des Boulderns sehe ich das Erlangen des kinästhetischen Bewußtseins während eines technisch schwierigen Zuges. Der Boulderer ist dann ein Künstler, der seine Selbstverwirklichung im kinästhetischen Bewußtsein sucht. Wenn die intellektuelle Analyse vorbei ist, Schmerz und Fehlbarkeit weichen, bleibt diese berauschende und fundamentale Qualität des „inneren Kletterns".
Schmerz und Unsicherheit spielen nur eine vordergründige Rolle beim Bouldern — wenn jemand nie über diese Barrieren springt, gleich welchen Schwierigkeitsgrad er klettern kann, wird er die Ekstase artistischer Erfüllung nie erleben.

Akzeptiert man diese metaphysische Definition, so wird man vom allgemeinen Trend im Klettern abkommen. Leider ist das notwendig, wenn das Bouldern verinnerlicht werden soll. Sogar eine so unbedeutende Konzession, wie das Verwenden eines gebräuchlichen Bewertungssystems darstellt, hat den Effekt, Kreativität und Entdeckung schon im Anfangsstadium zu unterdrücken. Die Verwendung von Aus-

---

* Als Kinästhesie bezeichnet man in der Medizin das Muskelempfinden

Bouldern

Kurt Albert bei der Solobegehung seiner luftigen Route „Devil's Crack" (VII–).

drücken wie 5.10., VIII+ oder B1 binden den Kletterer an die Klettergemeinschaft. Der durch diese Verbindung hervorgerufene Druck wird unvermeidlich Stil, Technik, Wahl der Route und grundlegende Ziele beeinflussen. „Schwierigkeit" ist sicherlich ein relativer Begriff, und der bloße Gebrauch des Wortes bewirkt eine Hemmung des Verinnerlichungsprozesses, denn eine Wettkampfhaltung wird schon erwartet, wenn eine Route dementsprechend beschrieben wurde. Äußerlich wollen wir von der Norm soweit wie möglich abweichen. Aber innerlich? Das Ziel, einen bestimmten Schwierigkeitsgrad zu bewältigen, kann die körperlichen Fähigkeiten zwar steigern, doch es führt uns weg von den mystischen Aspekten des Kletterns. Der Begriff der Schwierigkeit ist größtenteils eine abstrakte, auf die körperliche Leistungsfähigkeit bezogene Metapher, die unserem Bewußtsein durch die wetteifernde Umgebung aufgezwungen wird. Durch eine andere Auffassung der Schwierigkeit verliert sie ihre Verbindung zum äußeren Wettstreit und wird ein Maß dafür, wie stark wir uns selbst aufopfern in der Suche nach einer inneren, uns selbst gemäßen Befriedigung.

Daher erfordert die Suche nach dem kinästhetischen Bewußtsein auch eine Loslösung von der allgemeinen Kletterwelt. Der Verinnerlichungsprozeß läuft in der Isolation am ungestörtesten ab. Bouldern sollte eine einsame Aktivität sein, losgelöst von allen hemmenden Einflüssen wie Ehrgeiz oder Leistungsdruck. Auch anders kann diese Verinnerlichung erreicht werden: Lange, anstrengende Seillängen erzeugen gelegentlich eine Trennung des Ich-Bewußtseins vom Körper, wie man dies vom Beispiel des Langstreckenläufers kennt, dessen Geist scheinbar über der automatisierten Bewegung steht. Dies will ich jedoch im Klettern nicht erreichen. Den Geist mit kinästhetischem Bewußtsein zu durchdringen bedeutet, in eine neue Art von Wirklichkeit einzutreten, in der Grazie und Präzision die Welt bestimmen. Während dieser kurzen Zeit sammelt sich das kosmische Chaos in einem klaren und bedeutungsvollen Design. Fels und Klettern werden in einem Zwischenspiel des Schicksals vereint. Nur wenn solch eine Kunst in Einsamkeit ausgeübt wird, kann es gelingen, die Eindrücke dieser intensiven Phase zu schützen und zu verlängern.

BRD

Sepp Gschwendtner, der zu den Sportkletterpionieren Deutschlands zählt, machte sich selbst das schönste Geschenk zum vierzigsten Geburtstag: Mit "Zombie" eröffnete er einen Weg im X. Schwierigkeitsgrad. Dies ist eine verdiente Belohnung für das jahrelange, harte Training, das Sepp neben seinem Beruf als Sportartikel-Vertreter und Ausrüstungsberater durchhalten konnte! Obwohl ihm zahlreiche Erstbegehungen und schwierigste Wege im Altmühltal (z. B. "The Face", X–, und in Kochel Erstbegehung von "Nagel mit Kopf", IX+) gelungen sind, ist er keineswegs ein Lokalmatador. Mit seiner Frau besuchte er viele Klettergebiete Europas und der USA, wo er Toprouten geklettert ist. Aufgrund seiner Leistungsfähigkeit und einer fairen Einstellung zum Sport ist Sepp ein Vorbild für mich und viele andere Kletterer.

Sepp Gschwendtner

Leistungssport, der Spaß macht

Sportklettern ist heute anerkannt. In Zeitschriften, Filmen, Zeitungsartikeln wird diesem Zweig des Bergsteigens fast mehr Platz eingeräumt als dem klassischen Alpinismus. Vor zehn Jahren allerdings wurde das „Klettergarteln" noch nicht als Selbstzweck gesehen, sondern eher als Übung für das Gebirge.

Zumindest in Westdeutschland war das so, in England und im Elbsandstein wurde schon seit der Jahrhundertwende sportlich geklettert, in den USA seit etwa 25 Jahren.

Bei uns hat's recht lange gedauert, bis man die Schönheit dieser Sportart entdeckte. Sportklettern bedeutet Turnen am Fels ohne künstliche Hilfsmittel zur Fortbewegung, Klettern als Bewegungssport, klettern an der Grenze der eigenen Leistungsfähigkeit, Höherschieben dieser Grenze durch Training. Sportklettern bedeutet keine Angst haben zu müssen vor Wetterstürzen, anfangen und aufhören zu können, wann es Spaß macht. Nicht in der Nacht unausgeschlafen einen schweren Rucksack zum Einstieg schleppen, kämpfen zu müssen um wieder sicheren Boden zu erreichen. Der Gegner des Sportkletterns ist nicht der Berg, sondern der eigene Körper, die Kraftlosigkeit der Muskeln und Sehnen, die Steifheit der Glieder, die Psyche, die den Körper einige Meter über der Sicherung lähmt.

Es hat auch lange gedauert, bis man die Schönheit der Klettergärten entdeckte: im satten Gras liegen, dann wieder ein Versuch in der schweren Route; hinter schattigen Bäumen sitzen, oder auf einer warmen Felsplatte von der Sonne angestrahlt zu werden. Und nachmittags im Café oder abends in der Kneipe mit Bekannten und Freunden zu diskutieren und

Sepp Gschwendtner ist der Erschließer eines neuen Klettergebiets bei Kochel. Eine seiner Toprouten nannte er auf gut bairisch „Wer ko, der ko" (IX+).

zu erzählen und erzählt zu bekommen, auch das ist Sportklettern.
Sportklettern ist Leistungssport, aber auch Spiel und Spaß und keine harte Arbeit, wie manchmal das Bergsteigen in den Alpen. Die Zusammenfassung der Entwicklung bis zum heutigen Stand, die ich nachfolgend beschreiben möchte, ist natürlich sehr subjektiv. Erstens sieht man ja alles immer so, wie man es gerne sehen möchte, zweitens bin ich zwar viel unterwegs, aber keineswegs so vermessen zu glauben, ich hätte bei solchen Besuchen den „totalen Durchblick" bekommen.

Entwicklung

„Sportlich geklettert" wird wohl schon seit vielleicht achtzig Jahren, im Münchner Klettergarten bei Baierbrunn wurden schon um 1910 Stellen geklettert, die man fast mit dem VII. Grad bewerten kann; und da glaube ich nicht, daß man sich nur aus Trainingsgründen so abgeplagt hat. Wenn man jedoch davon ausgeht, daß Sportklettern bewußtes Nichtbenutzen von künstlichen Hilfsmitteln bedeutet, mit klar formulierten Regeln und als Selbstzweck, dürfte der Start so Anfang der siebziger Jahre liegen. Bis zu diesem Zeitpunkt zählte auch in unseren Klettergärten die Überwindung von Überhängen mittels Haken und Trittleitern bedeutend mehr als eine Freiklettertour. Man eiferte eben alpinen Vorbildern nach, Hakenklettern war nun einmal VI+, Freiklettern maximal VI. Wie immer, so gab es auch zu dieser Zeit Ausnahmen von der Regel: einen Hans Laub, der sich auf die Südpfalz konzentrierte und über fünfhundert Erstbegehungen (bis VI) eröffnete; einen Sepp Mack, der im Blautal den VI. Grad vermutlich schon vor 25 Jahren überschritten hatte; einen Flipper Fietz, der sich schon Anfang der Siebziger an Wandprobleme wagte, die erst zehn Jahre später durchgeklettert werden konnten. Auch muß ich als Oberbayer zugeben, daß die Preußen sich bereits sehr früh bemüht haben, sich nicht an jedem Haken festzuhalten. Obwohl im nahen Elbsandstein wohl als einzigem Gebiet in der Welt immer schon sportlich geklettert worden ist, kam die Heilsbotschaft seltsamerweise eigentlich nur für die Pfalzkletterer von dort. Wir richteten unsere Augen hauptsächlich auf Amerika und ließen uns von dort inspirieren.

Bundesrepublik Deutschland

Sepp Gschwendtner im „Face" (X−) am Schellneckpfeiler, der ersten Route im X. Grad in Deutschland.

Bilder von „Outer Limits" (J. Bridwell 1971, VII−) rissen mich total vom Hocker, ich hätte für diesen Riß gut zwanzig Holzkeile gebraucht. Außerdem stellte ich die Glaubwürdigkeit dieser „Freikletterei" in Frage. Als ich allerdings rote Punkte an Felsen in Konstein entdeckte — was bedeuten sollte, daß man die Tour frei klettern kann — wußte ich, wie blind ich bisher geklettert war. Der „Schmierer" der roten Punkte war Kurt Albert aus Nürnberg, der zusammen mit seinen Freunden die neue Welle bewußt machte. Obwohl der VII. Grad sicher schon viele Jahre vorher geklettert, der VIII. Grad bereits gestreift worden war („Exorzist", Kastlwand, Altmühltal a.f. VII+, VIII−), brachte den Durchbruch vor allem in der Öffentlichkeit die Erstbegehung der Pumprisse im Wilden Kaiser. Helmut Kiene und Reinhard Karl erkletterten 1977 diese Risse frei, überwiegend sogar „clean", also nur durch Klemmkeile gesichert. Ihre Bewertung mit dem VII. Grad, die mutige Veröffentlichung darüber in den DAV-Mitteilungen, brachten das Sportklettern in aller Munde.

Sogar die UIAA anerkannte 1978 (es wurden bereits Wege im VIII. Grad geklettert) im Frankenjura und in der Pfalz den siebten Grad offiziell. In den Jahren darauf stieg jedes Jahr die Zahl von Neutouren und freien Begehungen explosionsartig, auch immer mehr Kletterer waren in der Lage, hohe Schwierigkeiten zu klettern. Besuche in den Wallfahrtsstätten des Freeclimbing in den USA und anderer namhafter Klettergebiete brachten neue Erkenntnisse und Motivation. 1980 war die obere Grenze des VIII. Grades erreicht. Eine der wichtigsten Jahre für das Freiklettern war sicherlich das Jahr 1981. Bereits im Frühjahr erfolgte der Durchbruch zum IX. Grad („Münchner Dach", IX; „Sautanz", IX−). Das Münchner Sporthaus Scheck hielt sein „Konstein-Woodstock" ab, was nicht nur enorme Anerkennung des Sportkletterns in den Medien und der Öffentlichkeit brachte, sondern auch mehrere „Superstars" nach Deutschland führte. Insbesondere Ron Fawcett durch seinen Kletterstil und John Bachar vor allem durch seine Erstbegehungen („Chasin' the Trane", IX) zeigten uns, wo der „Hammer hängt". Kurz darauf wuchsen nun die „Neuner" in ganz Deutschland wie die Pilze aus dem Boden, besonders ertragsreich schien der Boden im Altmühltal und Frankenjura zu sein.

Dann kam Jerry Moffatt! Seit ich Sport betreibe, wurde ich immer von neuen Gerüchten geschockt: vom russischen Emigranten, der am kleinen Finger einen einarmigen Klimmzug macht; vom fünfzehnjährigen Vorarlberger, der die „Neuner" solo klettert; bis hin zum Boulderer aus dem Frankenjura, der bereits „Zwölfer" schafft. Gerüchte. — Bis dann Jerry Moffatt kam ... Jerry kletterte 1983 bei seinem Deutschlandbesuch durchschnittlich von zehn „Neunern" zwei Drittel „on sight", darunter auch einige sehr komplizierte (N.1, „Maud", gesamte Route IX — ohne abzuspringen!). Vor allem mit seiner Erstbegehung von „The Face" legte er uns *das* Kuckucksei im X. Grad ins Nest. Doch die Lähmung von Hirn und Muskeln der deutschen Trendsetter hielt nicht lange an, über den Winter wurde „gepowert" wie nie — und 1984 weitere „Zehner" eröffnet. („Zombie", X−, von S. Gschwendtner, „Kanal im Rücken", X, von W. Güllich, Altmühltal). 1985 kamen einige dazu und 1986 hatte „The Face" mehr als ein Dutzend Begehungen. Im nördlichen Frankenjura wachsen die Routen im X. Grad ähnlich aus dem Boden wie die „Neuner" 1981 und 1982. Diese werden heute zum Einklettern gemacht ...

Solch eine Kurzbeschreibung der deutschen Sportklettergeschichte ist natürlich immer eine verlockende Einladung zur Selbstgefälligkeit. Ich kann jedoch versichern, daß, wenn ich

noch mehr geschrieben hätte, ich noch mehr von meinen Routen erwähnt hätte. So kann ich mich also nur bei all denen entschuldigen, die viel wichtiger waren, die ich aber nicht genannt habe. Aber wenn ich schon die Chance habe, die „Geschichte des deutschen Sportkletterns" selbst zu schreiben ...

Zukunftsperspektiven

Es wäre vermessen zu glauben, daß mit dem heutigen Stand — sei es hinsichtlich der Schwierigkeit, des Stils, der Ethik und auch der Zielsetzung der „Stein des Weisen" gefunden ist. Ich bin mir sicher, daß in wenigen Jahren ein Weg wie „The Face" fast täglich eine Begehung bekommen wird. Wer es nicht glaubt, denke nur an die „schwierigste Tour Europas überhaupt", den „Sautanz", oder später „Chasin' the Trane", die knapp fünf Jahre nach dieser Beurteilung fünfmal hintereinander zu Trainingszwecken geklettert werden. Es wird keine fünf Jahre mehr dauern, bis „The Face" eine On-sight-Begehung bekommt, und die erste Solo-Begehung wird auch kommen. Jeder, der glaubt, daß jetzt bereits ein Endpunkt erreicht ist, sollte sich einmal überlegen, wieviele Jahre es gedauert hat, bis trotz bedeutend ernsteren, intensiveren Trainings Zeiten von 9,9 Sekunden auf hundert Meter gelaufen wurden. Und hinter dieser ganzen Entwicklung standen Trainerteams, Wissenschaftler, staatliche Förderung und der Druck von Wettkämpfen. Meiner Ansicht nach sind die Besten von uns im Moment bei höchstens 10,8 Sekunden, auch wenn das keiner glauben will. Die Weiterentwicklung wird sich nicht nur in Schwierigkeitsgraden zeigen. Sicher, der „Elfer" wird kommen, auch der „Zwölfer", doch die Stilart wird an Bedeutung gewinnen. Der Unterschied einer On-sight-Begehung zur lange eingeübten Wiederholung ist — unter dem sportlichen Aspekt — riesengroß. Nicht nur für die Muskeln, auch für den Kopf ist es ein Riesenunterschied, in nichtgeübtes, unbekanntes Gelände zu steigen. Da werden ganz andere Faktoren gefragt als nur antrainierte Muskelkraft. Intuition, Mut, Körperbeherrschung, für manche Stellen fast etwas „Genialität", um sofort auf die richtige Lösung zu kommen, übertreffen meiner Ansicht nach die „körperlichen" Leistungsanforderungen von eingeübten Wiederholungen. Ich bin überzeugt, daß es bedeutend schwieriger ist, einen wirklich unbekannten „Achter" on sight zu klettern, als einen „Neuner" mit Ausbouldern.

Überhaupt die psychischen Anforderungen ... Ich glaube, daß ein Teil der Routen kühner wird; auch Solobegehungen werden zunehmen. Angesichts des menschlichen Selbstdarstellungstriebs ist es zu erwarten, daß man, um aus der Masse der „Guten" herauszuragen, noch „verrücktere" Dinge machen muß. Ohne nun den Solokletterern ihr Können, ihre Konzentrationsfähigkeit, vor allem ihre Willensstärke abzusprechen, auch ohne meinen echten Respekt zu verschweigen, glaube ich, daß der Großteil der Sportkletterer sich nicht umbringen will. Ganz ungefährlich ist das Sportklettern ohnedies nicht. Sportliche Erfolge sind meiner Ansicht nach weder einen Sehnenriß noch ein gebrochenes Bein, geschweige denn eine Querschnittslähmung wert. — Sportliche Weiterentwicklung ist oft mit Wettbewerben verbunden. Nachdem seit vielen Jahren der „Wettkampf" unterschwellig stattfindet (Wer hat die meisten „Achter", „Neuner", „Zehner"? Wer braucht mehr Versuche? Wer hat mehr Erstbegehungen? usw.) beginnt nun in einigen Ländern der „Ernst des Lebens": organisiertes Wettklettern. Diese Entwicklung ist eigentlich logisch, sogar Sackhüpfen, Eierwerfen usw. werden wettbewerbsmäßig betrieben, Sportarten wie etwa „Rodeln/Doppelsitzer" sind sogar olympisch. Da gibt es eigentlich gegen Wettklettern nichts zu sagen. Höchstens, daß man als Teilnehmer eigentlich alles aufgibt, was das heutige Sportklettern auszeichnet: Frei zu sein in der Routenwahl, frei zu sein, wann und ob man klettert, auch frei zu sein von Entscheidungen von Funktionären und Schiedsrichtern. Als Teilnehmer an Wettkämpfen muß man auch bedenken, daß der Gegner nun nicht mehr der eigene Körper ist, sondern ein Mensch, vielleicht ein Freund. Sieger kann nur der sein, der besiegt. Aufgeben muß man, zumal in Deutschland, dann wohl bald auch das Klettern als „Natursportart". Im Moment ist es schon schwierig genug, den Naturschützern klar zu machen, daß Klettern naturschonend ist. Wenn dann ein paar hundert Leute, Kletterer und Zuschauer, durch das Unterholz trampeln . . .?

Abschließend bleibt mir nur zu sagen, daß ich dem Sportklettern — auch jedem Sportkletterer — wünsche, für sich selbst den Weg zu finden, der ihm Freude und Befriedigung gibt, gleich ob im VII. oder X. Grad. Nur sollten wir alle dabei bedenken, daß wir unsere Erfolgserlebnisse nicht auf Kosten anderer, der Menschen wie der Natur, erzwingen sollten.

Peter Gschwendtner im „Luftschloß" (IX+) an der Kastlwand. Mehrere Züge an Einfingerlöchern erfordert die Schlüsselstelle dieser aalglatten Route.

Aufgrund seiner Vorliebe für Gedankenspiele und Rätsel scheint Kurt Albert nicht nur äußerlich Albert Einstein zu ähneln...

Kurt Alberts Aussehen, sein Interesse an Mathematik und Denksportaufgaben und auch sein Hang zum Außergewöhnlichen erinnern mich an Albert Einstein. Kreativität bewies er auf jeden Fall bei der Einführung des Rotpunkt-Gedankens in Deutschland. Er und seine Freunde markierten Mitte der siebziger Jahre freikletterbare Hakenwege mit einem roten Punkt. Lange vor der Anerkennung des VII. Grades durch die UIAA (nach den Pumprissen) kletterte Kurt Wege des VII. und auch VIII. Schwierigkeitsgrades. Meilensteine deutscher Klettergeschichte waren seine Erstbegehungen „Sautanz" (IX–) und „Magnet" (IX), die jeweils eine neue Dimension manifestierten.

Kurt Albert

Rote Punkte im Frankenjura

Der Reiz, etwas Neues zu machen und dabei den eigenen geistigen Horizont zu durchbrechen, war ausschlaggebend für das Rotpunktklettern:

„Rotpunkt am Beginn eines Kletterweges oder einer Variante bedeutet, es ist möglich, den Anstieg ohne Benutzung der Haken als Griffe oder Tritte oder sonstiger Hilfsmittel, die der Schwerkraft entgegenwirken, in freier Kletterei zu bewältigen. Haken, Schlingen, Klemmkeile etc. dienen also nur zur Sicherung!"

Dieser Satz, den ich zusammen mit einer Gruppe fränkischer Kletterer 1976 in die Wandbücher einiger vielbegangener Kletterwege des Frankenjura schrieb, vor allem aber die roten Punkte an den Einstiegen, erhitzten damals die Gemüter vieler Kletterer. Bis zu diesem Zeitpunkt wurden die Felsen des Frankenjura eigentlich nur als Übungsfelsen für Touren im Gebirge betrachtet. Die neue Kletterphilosophie „Rotpunkt" ordnete ihnen nun eine eigenständige Bedeutung zu. Der Klettersport war aufgewacht aus dem Dornröschenschlaf, erzeugt durch die Betäubung konventioneller Klettereinstellung.

Entstanden waren die Zweifel am richtigen Weg des Frankenkletterns nach Erlebnissen im Elbsandsteingebirge. Hier war die Kletterei etwas völlig Neues — weit weg vom normalen Steigen bei uns. Wunder über Wunder — barfüßige Kletterer, verwegene Sprünge, unmöglich erscheinende Kletterwege, verbunden mit einem Minimum an Ausrüstung — erweckten Begeisterung. Diese andere Dimension des Kletterns gründet auf das Einhalten eines Regelwerks beim Steigen. Im Elbsandstein gab es keine Verwendung künstlicher Hilfsmittel. Im Frankenjura dagegen erschienen die meisten

Wolfgang Güllich im „Magnet" (IX) am Richard-Wagner-Fels, einem Meilenstein deutscher Klettergeschichte.

Routen durch unsinnigen Hilfsmitteleinsatz verpfuscht. Also überlegten wir, wie es wohl möglich wäre, diese Kletterethik auf das schönste Mittelgebirge Deutschlands zu übertragen. Das Ausnageln bestehender Kletterwege beziehungsweise das Entfernen überflüssiger Haken — unmöglich! Für Erstbegehungen im Sachsenstil war die Zeit noch nicht reif. Die naheliegende Möglichkeit war also eine Begehung bereits vorhandener Anstiege „auf Rotpunkt", also in völlig freier Kletterei. Geeignete Wege wurden mit einem roten Farbpunkt markiert. Es war damals eine verblüffende Erkenntnis, was alles „auf Rotpunkt" möglich ist — sogar ausgesprochene Hakenleitern.
Die neue Kletterethik bewirkte ein völlig neues Klettererlebnis. Es tauchten Tritte und Griffe auf, die vorher nie wahrgenommen worden waren. Früher bedeutete ein Haken einen Quadratmeter toter Zone. Mehr Hirn, Taktik und Konzentration wurden erforderlich, um ein Rotpunktproblem zu meistern. Dem Klettern im Frankenjura wird seitdem eine richtungsweisende Bedeutung in der deutschen Freikletterbewegung zugeschrieben. Im Rahmen dieser neuen Einstellung zum Klettersport entwickelte sich das Freiklettern vor allem auch durch Besuche von Stars wie John Bachar, Jerry Moffatt und dem „Local" Wolfgang Güllich vom VII. bis zum X. Schwierigkeitsgrad — dem Schwierigkeitsgrad der „anatomischen Grenze". Folgende Kletterwege sind wohl Meilensteine des Frankenkletterns:

1976: „Gelbe Wand" (VII)
1977: „Exorzist" (VIII –), „Osterweg" (VIII)
1978: „Dachrinne" (VIII)
1979: „Dampfhammer" (VIII)
1980: „Entsafter" (VIII), „Eraserhead" (VIII +), „Münchner Dach" (IX –)
1981: „Sautanz" (IX –), „Chasin' the Trane" (IX)
1982: „Magnet" (IX)
1983: „The Face" (X –), „Ekel" (IX +)
1984: „Kanal im Rücken" (X – /X)
1985: „Kaum Zeit zum Atmen" (X – /X)
1986: „Ghettoblaster" (X +)

Derzeit gibt es etwa ein Dutzend Xer-Routen im Frankenjura.
Die Kletterethik des „freeclimbing" hat sich heute allgemein auf breiter Front durchgesetzt und macht den Rotpunkt als Markierung eines Freikletterwegs überflüssig. An manchen Routen weisen sie noch, vielleicht etwas verblaßt, auf die Anfänge der Bewegung hin; auch Hammerspuren und zusammenzementierte

Wolfgang Güllich im „Thriller" (X) im Trubachtal. Dynamische Züge an Einfingerlöchern sind der Schlüssel zum Erfolg.

Griffe zeugen noch von vergeblichen Versuchen, die Freikletterbewegung zu hemmen. Was bleibt, ist „Rotpunkt" — nicht als Philosophie, sondern nur als reine *Definition* des Stils; „Rotpunkt" bedeutet: sturzfreie freie Begehung eines Kletterwegs, wobei dies allein keinen objektiven Maßstab der Kletterleistung darstellt — „Rotpunkt" ist auch als programmierte, vorher eingeübte Kürübung zu verstehen.
Es gibt im Frankenjura weder Regeln noch eine Ethik, die — wie etwa im Elbsandstein oder im Yosemite — allgemein *verpflichtend* wären. Und das ist gut so, denn dadurch würde die Kreativität des Kletterers stark eingeschränkt. Jeder soll klettern wie er will — ob technisch oder frei, ob *hangdogging, toprope* oder *solo.*
Der Klettersport bietet ein weites Feld, um „seinen innewohnenden Affen" auszuleben. Letztlich ist doch nur die Freude am Sport das Allesentscheidende, und das „Wie" sei jedem selbst überlassen. So ist auch für die meisten Spitzenkletterer der Begriff „Ethik" eine leistungsangepaßte Variable im Grenzbereich.
Für mich ist Ehrlichkeit über das „Wie" der einzige Maßstab, denn Lügen machen den Sport kaputt.
Bei Erstbegehungen zeichnet sich gegenwärtig ein Individualitätsverlust ab. Gerade in den letzten Jahren ist es zu einem „Run" auf breiter Front gekommen: Wie ein Schwarm hungriger Piranhas stürzen sich zahlreiche Kletterer auf Neuland und bohren phantasielos drauflos. So entsteht die „Standort-Erstbegehung" nach dem Schema „abseilen, einbohren, topropen, vorsteigen" — Ausnahmen sind an Händen und Füßen abzuzählen. Die psychische Herausforderung dieser Routen ist der von Wegen mit einer Sicherung von oben gleichzusetzen, und oft büßen neue Anstiege dieser Art das Kriterium der ästhetischen Linie ein.
Freiklettern heute hungert geradezu nach neuen Perspektiven. Belebende Anreize ergeben sich durch eine veränderte Problemstellung. Vor allem in der Psyche liegt ein weites Betätigungsfeld. Eine „Clean-Begehung" (nur mit Klemmkeilen gesichert), deren Grenzfall das Soloklettern darstellt, oder auch eine Einschränkung oder der totale Verzicht auf Bohrhaken bei Erstbegehungen, bewirken zweifellos eine Steigerung. Solche Wege verlangen eine andere Klettereinstellung bezüglich Psyche und Taktik. Durch die veränderte Problemstellung entsteht eine völlig neue Situation, die *Gefahr* impliziert, welche durch überlegtes taktisches Vorgehen zum *kalkulierbaren Risiko* reduziert wird.

Kurt Albert

Solo „Fight Gravity"

Ich stehe unten, auf sicherem Boden; dennoch, ein leichtes Zittern am ganzen Körper, das mulmige Gefühl in der Magengegend bestätigen Unsicherheit. Meine Gedanken sind oben, beim Dynamo zum Ausstiegshenkel — nur am ersten Fingerglied hängend. — Der Fuß rutscht, ein Griff bricht aus. — Gedankenfetzen der Unsicherheit durchlöchern mein Hirn. Sie erwecken Zweifel an meinem Vorhaben. Ich rauche noch eine Zigarette, meine letzte . . .? Nur keine Panik, Kurt! Warum diese Unsicherheit? Materie zerbröselt nicht plötzlich, löst sich nicht auf. Werde logisch! Ich bin doch optimal vorbereitet. Ich habe ein Programm: Das Programm funktioniert prächtig. — Keine Errormeldung beim „Toprope"-Test.
Ich stehe unten auf sicherem Boden und überprüfe nochmals meine Speicher — verfolge jeden Programmschritt in Gedanken. Alles klar! Ich trete die Zigarette aus. Dann die Entscheidung.

Solo „Fight Gravity"

LIST - RETURN

```
5 REM *** FIGHT GRAVITY SOLO / VIII+ *** AUGUST 1986 *** COPYRIGHT K.ALBERT ***
10 REM *** ALLE IN/OUTPUTS AKTIVIEREN ***
11 OPEN1,1:REM * TASTSINN *
12 OPEN2,2:REM * GERUCHSINN *
13 OPEN3,3:REM * GEHOER *
14 OPEN4,4:REM * GESCHMACK *
15 OPEN5,5:REM * BEWEGUNGSAPPARAT *
16 OPEN6,6:REM * ATMUNG *
17 OPEN7,7:REM * AUGEN *
20 PRINT#5,"ZUM EINSTIEG GEHEN"
25 PRINT#5,"SCHUHE PUTZEN"
26 GET#3,A$: IF A$="QUIETSCHENDES GERAEUSCH" THEN 30
27 GOTO 25
30 GOSUB 1000:REM * UNTERPROGRAMM NACHCHALKEN *
31 GOSUB 2000:REM * UNTERPROGRAMM TIEF DURCHATMEN *
34 REM *** KONZENTRATION - GESCHMACK/GERUCH/GEHOER ABSCHALTEN ***
35 CLOSE2,2:CLOSE3,3:CLOSE4,4
40 REM *** ZONE 1 *** BEGINN DER KLETTEREI *** DIE ERTSTEN 5 METER ***
41 GOSUB 2000:GOSUB 2000
42 FOR X=1 TO 12 STEP2
43 READ G$(X),G$(X+1),T$(X),T$(X+1):REM * DATEN 200-207 EINLESEN *
44 PRINT#5,G$(X),G$(X+1),T$(X),T$(X+1)
45 GOSUB 2000 : NEXT X
50 REM *** ZONE 2 *** GEFAHRENZONE *** SCHWERE VERLETZUNGEN BEI ABSTURZ ***
51 GOSUB 2000:GOSUB 2000:GOSUB 2000
52 GOSUB 1000
53 PRINT#5,"LINKS SEITGRIFF","HANDKLEMMER RECHTS"
54 PRINT#5,"AUSSPREIZEN":GOSUB1000
55 PRINT#5,"LINKS ZWISCHENGRIFF","LINKS WAAGRECHTER HANDKLEMMER"
56 GOSUB2000
57 PRINT#5,"RECHTS HOEHERTRETEN ","RECHTS HORN AM DACHENDE - GUTER GRIFF"
58 PRINT#5,"BEINE HAENGEN FREI":GOSUB1000:GOSUB2000:REM * UEBERFLUESSIGES POSIN(
59 PRINT#5,"LINKS TRITT","LINKES KNIE VERKLEMMEN": REM * NOHANDREST *
60 REM *** ZONE 3 *** TODESZONE UEBERHANG ***
61 FOR X=1 TO 5 : GOSUB 2000: NEXT X
62 GOSUB 1000
63 IF PEEK(500)=1 THEN PRINT#5,"RISS AUSSTEIGEN":END:REM * PANIKINDEX UEBERPRUEF
EN
64 GOSUB 2000:GOSUB 1000
```

Solo „Fight Gravity"

```
65 PRINT#5,"LINKS UEBER KREUZ - GUTER GRIFF","RECHTS GRIFF DANEBEN"
66 PRINT#5,"KNIEKLEMMER AUFGEBEN","UNTERM DACH ANTRETEN"
67 PRINT#5,"LINKS GRIFF VERBESSERN"
68 GOSUB2000
69 PRINT#5,"BEIDE FUESSE HOCH AUF REIBUNG ANTRETEN":GOSUB 2000
70 PRINT#5,"RECHTS OBEN GRIFFLEISTE - ERSTES FINGERGLIED - POSITIV - GUT EINPASS
EN"
71 GET#1,A$: IF A$="KLEINER FINGER GREIFT" THEN 75
72 GOTO70
75 PRINT#5,"LINKER FUSS KLEINER TRITT","RECHTS KLEINER TRITT":GOSUB2000
76 PRINT#5,"LINKS GRIFF","RECHTS PENDELBEIN","RECHTS GUTER FINGERKLEMMER"
77 GOSUB 1000 :GOSUB 2000
78 PRINT#5,"RECHTS ANTRETEN - REIBUNG","LINKS HOEHERTRETEN"
79 PRINT#5,"DURCHZUG ZU SEITGRIFF LINKS":GOSUB2000:GOSUB1000:GOSUB2000
80 PRINT#5,"RECHTS HOCHANTRETEN","MAXIXIMAL DURCHZIEHEN ZU GRIFF RECHTS"
81 PRINT#5,"LINKS HOCHANTRETEN","RECHTS ABSPREIZEN":GOSUB 2000
82 PRINT#5,"MAXIMAL DURCHZIEHEN ZU GRIFF LINKS","LINKER FUSS IN LOCH"
83 PRINT#5,"RECHTS ABSPREIZEN","GUTES GRIFFLOCH RECHTS":GOSUB 1000:GOSUB 2000
84 PRINT#5,"DURCHZIEHEN ZU 2-FINGERLOCH LINKS-GUT EINPASSEN MITTEL+ZEIGEFINGER"
85 PRINT#5,"RECHTER FUSS UEBERKREUZ MIT AUSSENRIST AUF TRITTLEISTE"
86 PRINT#5,"FOOTHOOK LINKS":GOSUB1000:GOSUB2000:GOSUB 2000
87 PRINT#5,"RECHTSOBEN LEISTE FUER ERSTES FINGERGLIED RECHTS"
88 PRINT#5,"TRITTWECHSEL":GOSUB2000
89 PRINT#5,"LINKS GRIFFLEISTE ERSTES FINGERGLIED","RECHTER FUSS IN LOCH"
90 GOSUB2000:GOSUB2000
91 PRINT#5,"DYNAMO - GUTER GRIFF RECHTS"
92 PRINT#5,"LINKS GUTER GRIFF","NACHTRETEN BELIEBIG"
93 PRINT#5,"RECHTS BAUMWURZEL"
94 PRINT#5,"VON DER BILDFLAECHE VERSCHWINDEN","HINSETZEN"
96 CLOSE1,1:CLOSE5,5:CLOSE7,7
100 GOTO 3000
200 REM *** DATEN FUER ZONE 1 ***
201 DATA"RECHTS GRIFF","LINKS GRIFF","LINKER FUSS IN RISS", "RECHTS ABSPREIZEN"
202 DATA"LINKS LOCH","RECHTS GRIFF","LINKER FUSS AUF TRITT", "RECHTS ABSPREIZEN"
203 DATA"HANDKLEMMER LINKS","HANDKLEMMER RECHTS","LINKER FUSS IN RISS"
204 DATA"RECHTER FUSS IN RISS","LINKS GUTER GRIFF", "RECHTS PIAZSCHUPPE"
205 DATA"LINKS REIBUNGSTRITT","RECHTS HOEHER IM RISS TRETEN"
206 DATA"GRIFF LINKS","KLEMMBLOCK RECHTS","LINKS TRITT","RECHTS ABSPREIZEN"
207 DATA"SEITGRIFF LINKS","HANDKLEMMER RECHTS","LINKS TRITT","RECHTS TRITT"
1000 PRINT#5,"NACHCHALKEN":RETURN
2000 PRINT#6,"TIEF DURCHATMEN":RETURN
3000 END

READY.
```

◀ Mit perfektem Timing zieht Kurt Albert sein „Programm" bei der Solobegehung von „Fight Gravity" (VIII+) durch.

Wolfgang Güllich solo im „Sautanz" (IX−).

RUN/RETURN — es geht los:

Zeile 25:	dauert etwas länger als sonst, bin bei 20 in Lehm gestiegen
Zeile 30/31:	alles Roger
Zeile 40–59:	der „nohandrest" ist erreicht — das Programm läuft einwandfrei
Zeile 65–70:	alles Roger
Zeile 75:	volle Konzentration — wenn jetzt der linke Fuß rutscht, bin ich Nichtraucher
Zeile 76:	linker Fuß hat gehalten — alles Roger
Zeile 78–82:	alles Roger. Ein irres Gefühl der Losgelöstheit. „Fight Gravity" ist vergessen. Ich fühle mich schwerelos. Ein Zustand der absoluten Meditation unterdrückt nicht relevante Umwelteinflüsse.
Zeile 83–86:	alles Roger
Zeile 87:	Freudenschreie — *Error — Fehlermeldung* Mein Programm ist unterbrochen; gerade vor der „Crux". Ich verharre am Fels und genieße das „feeling", meinen Körper nur mit den Fingerspitzen am Leben zu halten. Ich schaue nach unten. — Keine Panik, keine Unsicherheit. . . . Goto 87. — Ich versuche mein Programm wieder zu starten.
Zeile 87:	alles Roger. Es läuft. Die Gedanken sind nur beim nächsten Programmschritt
Zeile 88–90:	nochmals volle Konzentration
Zeile 91:	alles Roger
Zeile 94:	geschafft
Zeile 96:	ich genieße alleine die Ruhe nach dem Sturm

Danach kritische Bemerkung: Warum machst du das? Du bist lebensmüde! Denk mal an die Vorbildwirkung auf andere, junge Kletterer . . . ! Meine Antwort: Ohne Angst kein Hochgefühl! Und gerade solche Hochgefühle sind die Sternstunden beim Klettern. Erlebnisse, an die man gerne zurückdenkt.

Solo an der Leistungsgrenze, das impliziert eine gründliche geistige Auseinandersetzung mit dem Problem — ein taktisches Konzept — ein Programm. Soloklettern muß deshalb immer etwas ganz Besonderes sein und darf nicht zum Kletteralltag gehören.

Norbert Bätz beim Bouldern an einer englischen Mauer.

Norbert Bätz war einer der ersten Freikletterer Deutschlands, der zusammen mit Kurt Albert und Flipper Fietz den Frankenjura erschloß. Obwohl ihm schwierigste Erstbegehungen („Schiffsbug", IX; „Flash Back", IX) und Wiederholungen von Topwegen gelungen sind, gehört seine Vorliebe dem Bouldern, der ästhetischen Bewegung (z. B. Erstbegehung von „Atom Heart Mother").

Norbert Bätz

Kletterreise durch die Bundesrepublik Deutschland

Klettern in Deutschland hat eine sehr alte Tradition. Gipfelanstiege sind schon aus dem späten 19. Jahrhundert belegt.
Der Klettersport wird in nahezu allen Teilen Deutschlands betrieben, und es ist viel zu umfangreich, alle Klettergebiete vorzustellen.

Wer glaubt, daß Norddeutschland nur aus endlosen flachen Heidelandschaften besteht, irrt gewaltig. Zwischen Kassel und Hannover bilden zahlreiche Hügel ein sehr schönes Mittelgebirge, das Weserbergland. Bizarre Felstürme und Kalkriffe wie zum Beispiel das Kamel bei den Lüerdisser Klippen, lassen das Sportkletterherz höher schlagen. Die Lokalmatadore haben hier im Ith, den Lüerdisser Klippen, den Holzener Klippen und im Selter über tausend Kletterwege in allen Schwierigkeitsgraden erschlossen.
Der schon klassische Weg „Anakonda" (VII) am Krokodil ist ebenso ein Muß wie die „Dachverschneidung" (VIII) der Kamel-Talseite. Am Mittagsfels bietet die „Talseite" (VI) Genußkletterei, während „Die Gewalt der Gewaltlosen" (IX) am Krokodil enorme Fingerkraft fordert. Der Selter zeigt sich als idealer Spielplatz der neuen Sportklettergeneration: „Kinderteller" (IX–), „With your eyes" (VIII+/IX–), „Im Regenbogen" (IX) oder der „Alptraum" (IX) gehören wohl zu den härtesten Wegen Norddeutschlands. Die Toproute jedoch ist an den Holzener Klippen zu finden. „Nosferatu" (IX+) konnte im Herbst 1986 nach zähem Ringen durchstiegen werden.

Wir verlassen nun das norddeutsche Klettergebiet in südwestlicher Richtung und fahren an Heidelberg vorbei — bis fast an die Grenze des französischen Elsaß — direkt in den Pfälzer Wald. Annweiler und Dahn sind hier unsere Stützpunkte.
Die Pfalz zählt zu den größten Klettergebieten Deutschlands. An etwa achtzig Türmen und über hundert Massiven finden sich rund zweitausend Routen aller Schwierigkeitsgrade. Es ist unmöglich, den Pfälzer Sandstein in einem Satz zu charakterisieren. Eisenfeste, kleingriffige Platten wechseln fast nahtlos zu phantastischen Wabenstrukturen, Hand- und Fingerrissen, gewaltigen Dächern — aber auch zu morschem Fels. Ein kritischer Blick sollte deshalb, trotz der meist solid abgesicherten Routen, nie vergessen werden.

Wolfgang Güllich in der stark überhängenden Lochkletterei „Supernase" (VIII), Gößweinstein.

Bundesrepublik Deutschland

Schon 1976 gab es einen ungeheuren Aufschwung beim Erschließen neuer Routen. Das „Lineal" (VII−) an den „Drei Felsen" dürfte eine der ersten Routen im VII. Grad gewesen sein. 1978 konnte mit dem „Zehentanz" am Spirkelbacher Rauhberg die erste Route im VIII. Grad geklettert werden. Die Pfälzer gaben mit den Franken die ersten Anstöße und wichtigen Impulse zum betont sportlichen Klettern. Kletterfelsen wie Rötelstein, Asselstein, Trifels, Heidenpfeiler oder Luger Friedrich, der achtzig Meter empor ragt, boten dazu zahlreiches Potential. „Teamwork" (VII+), „Dezemberweg" (VII) und „Ameisentrail" (VIII+) gehören zu den Pflichtrouten am Rötelstein, dem wahrscheinlich beliebtesten Felsen der Pfalz. Der Sportkletterer wird sein ganzes Können in den schwierigsten Routen „Magnetfinger" (IX), „Vollstreckung" (IX−) und „Im Westen nichts Neues" (IX−) zeigen müssen.

Für Genießer gibt es in der Pfalz nicht nur die „Rauscherkante" (VI+) oder den „Südriß" (V+) am Luger Friedrich, sondern auch, vor allem im Spätherbst, wenn der „neue Wein" gereift ist, zahlreiche Weinlokale, die hervorragend bewirten.

Heinz Zak in „Partnerschaft" (IX–) am Windstein im Elsaß. Dort gibt es einige der schönsten Sandsteinrouten.

Peter Gschwendtner in der anstrengenden Route „Atlantis" (IX), Kochel.

Die Reise geht nun weiter in den Süden. Über Stuttgart und Tübingen erreichen wir die urtümliche Landschaft der Schwäbischen Alb. Weit verstreut sind hier die Klettergebiete: Geislinger, Uracher und Lenninger Alb liegen auf dem Mittelgebirgsrücken des Jurazuges, der sich von Schaffhausen bis zum Nördlinger Ries erstreckt. Schulterfels, Amazonenfels, Friedrichsturm, Tobelfels, Walfisch, Reußenstein und Wittlinger Fels gehören zu den lohnendsten Zielen der einzelnen Klettergebiete. Die „Schwäbische" bietet hauptsächlich Klettereien in bestem Plattenkalk. Ob im IV. oder IX. Grad: hier wird jeder Kletterer auf seine Kosten kommen.

Herausragend in der „Schwäbischen" ist jedoch das Donautal, das sich von Tuttlingen bis Sigmaringen erstreckt. Kompakte Kalkmassive mit ausgefressenen Erosionlöchern ragen bis zu hundert Meter aus der malerischen Landschaft empor. Rabenwand, Drei Zinnen oder der Schaufels, mit 120 Metern die höchste Wand, bieten Klettereien der Superlative.

Als Genießer sollte man am Schaufelsen den „Geraden Riß" (V+), „Walzkante" (VI–) und „Via Lochus" (V–), an den Zinnen die „Comici" (VI) und an der Hausener Wand die „Alte" (V+), „Schweizer Käs" (V) und „Eigerturm" (V) auf jeden Fall mitnehmen. Die schweren Wege versprechen diffizile Wandkletterei, meistens Lochkletterei, und sind hervorragend abgesichert. „Paranoia" (IX–), „Dr. Mabuse" (VIII+/IX–), „Apocalypse" (IX), „Excalibur" (VIII) oder „Bauerführe" (VIII) fordern höchsten Einsatz. Die härteste Prüfung jedoch ist das „Tunnel-Syndrom" (IX+/X–), der erste Zehner-Weg im Schwabenländle.

Wir folgen nun der Donau nach Nordosten und erreichen so den Donaudurchbruch und das untere Altmühltal, das sich von Weltenburg

Stefan Glowacz, einer der führenden Sportkletterer Deutschlands, in seiner Route „Problem" (IX+/X–) in Oberau.

bis Prunn erstreckt. Die reizvolle Landschaft und mächtige Kalkmassive locken jedes Jahr einige tausend Kletterer an. Leider wurde der einst schönste Abschnitt des Altmühltals durch den Bau des Rhein-Main-Donau-Kanals in einen Landstrich mit schnurgerader Wasserstraße verwandelt. An der Kastlwand soll „Der Kanal im Rücken" (X–/X) immer daran erinnern. An diesem größten Massiv des Altmühltals gibt es nicht nur den härtesten Weg, den „Kanal", sondern über achtzig Routen in jeder Schwierigkeit. „Silberner Weg" (IX), „Kastlweg" (VI+), „Götterdämmerung" (VII+) und „Exorzist" (VIII) sind großartige Wege, die man auf keinen Fall auslassen darf. „Kanalabwärts" stehen der Schellneckpfeiler und die Schellneckwand wie Betonmauern im Wald. Mächtig und glatt sind diese Massive den Extremsten vorbehalten. Der erste X. Grad in Deutschland, „The Face" (X–), wurde hier geklettert. „Zenith" (X–), „Mr. Magnesia" (IX) und „Birkensteiner Glöckchen" (IX) zählen zu den schönsten der rund zwanzig Neunerwege hier. Prunner Wand, Keilstein und Quaderwand sind weitere Massive, die mit ihrem kompakten Plattenkalk einige hundert Genußrouten versprechen. Der Donaudurchbruch bietet die eindrucksvollsten Klettereien: Römerwand, 120 Meter hoch, Lange Wand oder Bienenkorb bilden den Saum links und rechts der Donau. Manche Routen sind nur durch Abseilen oder mit dem Boot zu erreichen.

Die Autobahn führt uns in etwa einer Stunde nach Nürnberg, ins Zentrum der Fränkischen Schweiz. Die „Fränkische" zählt zu den größten und schönsten Mittelgebirgen Deutschlands. Zahlreiche enge Täler prägen die Landschaft und bieten mit ihren schroffen Felsabstürzen und Türmen ein immenses Potential an Kletterwegen. Über 4000 Routen an 350 Massiven sind bekannt.

Beat Kammerlander in der Toproute „Take it Easy" (X−), Lorüns.

Von hier kamen die wichtigsten Impulse für das sportliche Klettern. 1975 wurde der „Rotpunkt" aus der Taufe gehoben und prägte nun das Klettergeschehen auf der ganzen Welt. Der erste IX. Grad in Deutschland, „Sautanz" (IX−) an den Gößweinsteiner Wänden, gab dem Klettergeschehen einen starken Auftrieb.

Das Trubachtal zeigt sich als idealer Tummelplatz für jeden Kletterer. Genußrouten im V. Grad werden eingerahmt von kraftraubenden Überhängen wie „Magnet" (IX) und „Amadeus Schwarzenegger" (X−). Die extremsten Kletterer aber müssen den düsteren Wald des Leinleitertales aufsuchen. Am Rotenstein prüfen vierzehn Neunerwege und drei Routen im zehnten Grad das Können des Athleten.

Das Pegnitztal führt uns zum Roten Fels, vierzig Meter hoch und übervoll mit schönsten Kletterwegen. „Optimist" (VII+), „Schaumschläger" (VI+), „Luftikus" (VIII) oder „Hessisches Roulette" (VIII+) stehen an der Spitze der Hitliste.
Die Pegnitzalb endet im Veldensteiner Forst, dem Gebiet von Krottenseer Wand, Rabenfels und Folterkammer. Klassiker wie „Chasin' the Trane" (IX), „Amazonenpfeiler" (VIII+), „Gill Swing" (IX) stehen den neuen Anstiegen in nichts nach.
Hainbronn bei Pegnitz beherbergt die romantische Felsgruppe der Wachbergfelsen. Neben Genußrouten im unteren Schwierigkeitsgrad fordern die Wege „White Punks on Dope" (X−), „Besoffener Matrose" (IX+), „33 Tage in Ketten" (IX) und „Schiffsbug" (IX) das gesamte Repertoir an Kletterkunst.
Die Krönung stellt jedoch der fünfzig Meter hohe Turm „Rabenfels" dar. Neben „Außenseiter" (VIII) und „Holzberger" (VII−) konnte 1986 der wohl härteste Weg Deutschlands eröffnet werden: X/X+ donnert der „Ghettoblaster" in das stille und einsamste Tal der Fränkischen.
Trotz der Fülle an Kletterwegen darf man gerade in der „Fränkischen" nicht versäumen, seine Genußsucht auch in kulinarischer Hinsicht zu befriedigen. Fränkische Küche und fränkisches Bier rechtfertigen es in jedem Fall, selbst die strengste Kletterdiät zu unterbrechen.

ÖSTERREICH

Heinz Zak

Sportklettern in Österreich

Spät, aber doch, sind jetzt auch in Österreich die ‚Crags' wie die Schwammerl aus dem Boden geschossen. Für die Österreicher, wie auch für die Deutschen, ist alles gut, was aus den USA kommt; nur hinken wir den übereifrigen Germanen um einige Jahre nach. So konzentrierten sich die Aktivitäten unserer Sportkletterer vor allem auf das Ausland. Seit dem Ende der siebziger Jahre hat sich eine Hand voll Leute regelmäßig im Yosemite Valley getroffen, später verlagerte sich die Szene in den Frankenjura und die südfranzösischen Kletterdorados. Da unsere Gebiete weit verstreut liegen, kann man von einer österreichischen Szene kaum sprechen. Die Besuche von Kletterern aus anderen Bundesländern sind spärlich, da der Weg in bekanntere Zentren, wie den Frankenjura oder Arco, oft näher und interessanter ist. Trotzdem gibt es auch bei uns einige bedeutende Gebiete, wie Peilstein, Arena, Dschungelbuch und Lorüns. In diesen wurden von Spitzenkletterern wie Beat Kammerlander, Peter Gschwendtner und Robert Kanescha bereits Routen bis zum X. Grad geklettert. Nachfolgend die bedeutenderen Gebiete im Überblick.

Peilstein

Der Peilstein liegt etwa dreißig Kilometer südwestlich von Wien im Wienerwald. Die Felsen erinnern an das Altmühltal, sind aber besser strukturiert. Vor allem der Erschließung durch Michael Wolf und Christian Enserer ist es zuzuschreiben, daß es derzeit dort über zweihundert Routen bis hinauf zum IX. Grad gibt, die

Michl Wolf in „Strein Gstangel" (VIII+) Peilstein.

Peter Gschwendtner in seiner Route „Freiflug" (IX). Die Kletterei an kleinen Leisten ist typisch für das Dschungelbuch.

meist mit Bohrhaken gesichert sind. Anders als in den Power-Routen des Frankenjura ist hier eine gute Fußtechnik das Wichtigste.

Arena

Besondere landschaftliche Reize bietet das Top-Klettergebiet der grünen Steiermark: Schotterwerk, Eisenbahn und Autostraße geben ihm die nötige Würze. Eine kleine Gruppe leistungsfähiger Kletterer (R. Kanescha, T. Hrovat, H. Leitner) hat es auf eine ansehnliche Zahl schwierigster Wege gebracht. Die überhängenden Wandklettereien, oft mit „Auflegern", sind mit Bohrhaken gut gesichert. Die Toproute ist ein 25 Meter hoher und 13 Meter ausladender Überhang von Robert Kanescha, andere Spitzenwege sind „Zeitgeist" (IX+) und „Train and Terror" (IX+).

Dschungelbuch

An der leicht überhängenden Wand am Fuß der Martinswand bei Zirl gibt es seit 1981 gute Wandklettereien an Leisten. Erschließer des Gebietes waren Peter Gschwendtner, Stefan Bichlbauer und Heinz Zak. Es gibt lohnende Wege im VIII. Grad, wie „Baghira" (VIII), „Skydiver" (VIII+). Die Toprouten sind der „Hyper-Freiflug" (X−) und „Swingtime" (IX+).

Lorüns

Das Klettergebiet von Lorüns bei Bludenz ist dem Dschungelbuch sehr ähnlich. An der glatten, zwanzig Meter hohen Wand gelangen dem Lokalmatador Beat Kammerlander eine Reihe schwierigster Wege („Take it Easy", X−, „Delirium Tremens", IX+/X−). Wie das Dschungelbuch liegt Lorüns direkt an der Straße, womit der Anmarschweg ganz den Anforderungen der Sportkletterer entspricht.

FRANKREICH

Jacky Godoffe klettert seit zehn Jahren und gehört zu den führenden Freikletterern Frankreichs. Er ist ein gutes Beispiel dafür, daß man als Spitzenkletterer noch andere Interessen haben kann, denn er spielt Gitarre und Klavier, ist ein passionierter Fotograf und geht gerne auf Reisen. Vielseitigkeit zeigt er auch im Klettern. Jacky ist ein ausgezeichneter Boulderer (er eröffnete die erste 8a-Route Frankreichs an einem Block) und Wettkampfkletterer (er beteiligte sich an den wichtigsten Wettkämpfen, wo er Spitzenplätze belegte).

Jacky Godoffe

Klettern in Frankreich

Wenn das Klettern in Frankreich heute dieses Niveau erreicht hat — es zählt zu den führenden Sportklettemationen der Welt — so spielen dabei mehrere Faktoren eine Rolle, die miteinander in Beziehung stehen. Es ist ziemlich schwierig, die Gründe für diese positive Entwicklung objektiv zu analysieren, denn es gab viele Schlüsselpersonen und Meilensteine. Anstatt von dieser Tat oder jenem Kletterer zu erzählen, möchte ich deshalb lieber versuchen, die Kehrseite der Medaille zu beschreiben.

Die Klettermode im Wandel der Zeit

Seit es das Klettern gibt, haben die Kletterer nicht aufgehört, ihre Individualität herauszustreichen. Zuerst einmal wollten sie sich vom Normalsterblichen distanzieren und dann vom konventionellen Bergsteiger und dessen sportlicher Einstellung, um dadurch die eigene aufzuwerten. Einiges davon war nur zu verständlich. Die Kleidung der Bergsteiger entsprach in keiner Weise den Anforderungen des Sportkletterns. Sie schränkte den Kletterer in seiner

Jacky Godoffe beim Bouldern in Fontainebleau.

Bewegungsfreiheit ein. Es hätte schon Heldentum erfordert, in einer heraufrutschenden Knickerbocker eine steile Wand zu erklettern. Die siebziger Jahre: Das Stirnband hatte seine Sternstunde. Direkt aus den USA kommend, war ihm der Erfolg sicher. Diese Mode ging Hand in Hand mit den langen Haaren, den weißen, schmutzigen Hosen und vor allem einer gewissen laschen geistigen Einstellung. Dieser kalifornische Einfluß tat nicht jedem Kletterer gut. In der folgenden Zeit kam der einfache Trainingsanzug in Mode. Die Mehrheit der Kletterer distanzierte sich von der vorangegangenen Hippiemode.
Die achtziger Jahre: Der Durchbruch von Patrick Edlinger machte das Klettern in der Öffentlichkeit populär. Die Industrie erkannte sofort den neuen Markt und begann, spezifische Sportkletterausrüstung zu produzieren. Das hautenge T-Shirt, die Gymnastikhose und ein sauberes Aussehen waren jetzt „in". Der Kletterer kleidete sich leicht wie ein Tänzer, bunt wie eine Seifenblase; die Modelle werden

Didier Raboutou in „Chouca" (8b). Nach zehn Metern überhängender Kletterei an Zweifingerlöchern kommt eine schwere dynamische Stelle.

Frankreich

immer ausgefallener. Mode gehört heutzutage zum Klettern und zweifelsohne werden die Kletterer der neunziger Jahre einen neuen Rock finden, der ihre Geisteshaltung ausdrückt.

Wandel der Einstellungen

Innerhalb von zehn Jahren hat sich die Einstellung der Kletterer total verändert. In den Anfängen des Freikletterns waren die Versuche schüchtern, Stürze selten und der physische Einsatz minimal. Die ersten Schritte waren zaghaft, und es war nur natürlich, daß die Grenze des 7. Schwierigkeitsgrades* nur von sehr wenigen Kletterern durchbrochen wurde. Im Lauf der Jahre aber wuchs die Zahl der Freikletterer, spezifische Trainingsmethoden wurden entwickelt und der 7. Grad auf breiter Basis erobert. Die ersten Profis erschienen auf dem Markt, das Sponsorentum hat seinen Höhepunkt erreicht. Es war nichts Ungewöhnliches, daß nun der 8. Grad frisch und munter überschritten wurde. Heutzutage wird der 7. Grad „on sight" geklettert, der 9. Grad (nach französischer Bewertung, siehe Tabelle auf Seite 210) ist in Reichweite. Jede Epoche hat ihren Schwierigkeitsgrad, das ist ganz normal. Die Zukunft des Sportkletterns ist noch voll neuer Perspektiven. Dies wird um so deutlicher, wenn gewisse Leute behaupten, das Topniveau erreichen zu können, ohne Profis zu sein. Die obere Grenze ist also noch weit, und das ist gut für die kommende Generation.

Verschiedene Auffassungen

Es gab zwei Strömungen, die in zwei verschiedene Richtungen liefen, aber schließlich doch zusammenfanden. Die Kletterszene in den Anfangszeiten war ziemlich klein. Alle kannten einander. Die Einflußnahme der einen auf die anderen war unumgänglich. Als Antwort auf die Eröffnung der ersten Route im 7. Schwierigkeitsgrad im Norden, die zuerst „toprope" eingeübt worden war, eröffneten die Kletterer aus dem Süden 6b-Passagen im Vorstieg. Gewisse Wege sind heute rotpunkt-geklettert schwieriger als 7b. Unterschiede bestehen heute noch. Die stark abgesicherten Routen von Saussois stehen den sehr gefährlichen von Toulon gegenüber. Der Charakter der Route läßt oftmals den Erstbegeher erkennen. Seit englische Kletterer uns besuchten, sind „On-sight-Begehungen" in Mode gekommen. Wege, die im Grenzbereich des Könnens eines Kletterers lagen, wurden von unten „on sight" zu klettern versucht. Das „On-sight-Klettern" hat einen Adelsbrief erhalten und die Begehungen dieser Art beginnen sich den derzeitigen Grenzen zu nähern. Man kann behaupten, daß im Freiklettern etwa zweihundert Leute 7a „on sight" klettern können, etwa dreißig 7b, vier oder fünf 7c, und einige haben sogar fast 8a geschafft.

Männer, die Geschichte machten

Ohne an Details hängen zu bleiben, können trotzdem die Verdienste derjenigen gewürdigt werden, die im Lauf der Jahre ihre Schrift in den Fels eingraviert haben. Jean Claude Droyer konnte als erster 7a klettern (1977). 1980 ist es wieder ein Pariser, Laurent Jacob, dem das erste 7b gelingt. Patrick Bérault stürzt sich zur selben Zeit auf die verrücktesten Überhänge. Dann kam der Durchbruch von Patrick Edlinger. Jean Pierre Bouvier eröffnet seinerseits die erste 7c/8a-Route mit seiner berühmten „Chimpanzodrome". Bérault erreicht mit „La Haine" dieselbe Kursnotierung an der Kletterbörse.

---

* Der Autor bezieht sich auf die französische Schwierigkeitsskala. Vgl. die Tabelle auf Seite 210.

Wolfgang Güllich in „Papi on Sight" (8a). Lange *topropten* die Franzosen dieses Problem, bis Jerry Moffatt den Weg in wenigen Versuchen von unten (!) erstbegehen konnte.

Damit ist die Vorherrschaft der Boulderer in der kleinen Kletterwelt gebrochen. In Fontainebleau gelingt es mir, den ersten 8a-Boulder zu eröffnen. Es sind mehrere, die die Vaterschaft der ersten 8a-Route beanspruchen, wie etwa Bouvier und Edlinger. Es ist schwierig zu beweisen, der erste gewesen zu sein, und im Grunde ist es nicht so wichtig. Schließlich gelingt Marc LeMenestrel im Sommer 1985 die erste 8b-Route. Der Nachwuchs ist mit Raboutou und Tribout gesichert. Die Jüngsten haben revolutionäre Ideen. Sie laufen Gefahr, von diesen überrollt zu werden.

Die Zeichen der modernen Zeit

Der Wettkampf hat mit großen Schritten die Kletterwelt erreicht. Anfangs wurde er zwar nicht einstimmig begrüßt, doch mittlerweile wird er akzeptiert. Die Vorstellung von Massen im Trancezustand und dem Geld, das hinter allem steckte, machte vielen Angst. Manche überlegten auch, was aus ihrer Leidenschaft werden würde, wenn sie wie andere Sportarten vermarktet werden würde. Als das Klettern zum Sportklettern geworden war, war damit auch die Entwicklung zum Wettkampf hin unabwendbar. Neben den Verlockungen des Geldes scheint auch die Anerkennung durch die Medien erstrebenswert. Der Kletterer wird beim Wettkampf auch und vor allem emotionale Erfahrungen machen. Er muß zu einer ganz bestimmten, vorgeschriebenen Zeit sehr schwere unbekannte Wege vor Tausenden von Zuschauern klettern. Klettern ist vor allem ein Mittel, neue Empfindungen zu erleben, doch auch im Wettkampf kann der Kletterer das. Hinzu kommt noch, daß es nicht genügt, gut zu sein. Es wird auch Stil verlangt. Man sollte, kurz gesagt, nicht aussehen wie ein Affe. Das ist vielleicht das ausschlaggebende Kriterium für die Kletterer von morgen.

Kurt Albert an einer Piazroute in Fontainebleau.

Wenn die Sieger wechseln, der Ruhm früherer Tage verblaßt, müssen Leute bleiben, die fähig sind zu denken und anders zu handeln.

Jacky Godoffe

Fontainebleau — Kunst in der Vertikalen

Das Bouldern in Frankreich ist ein Sport, der seit mehr als hundert Jahren seine Jugendfrische beibehalten hat. Das rührt vielleicht von der Umgebung her. Die Sandsteinblöcke im Wald von Fontainebleau laden zum Klettern ein. All diejenigen, die diese Form des Kletterns hier betreiben, sind verliebt in den Wald, sie lieben es ebenso, Bewegungen zu erfinden und sind stolz, den Namen „Bleausards" zu tragen. Es ist mehr als ein simpler Sport oder eine Technik, es ist eine Kunst — die Suche nach winzigen Haltepunkten. Sie verschafft Entspannung und versetzt den Akteur zugleich in einen Rausch auf dem Sandsteinblock. Vom Jüngsten bis zum Ältesten, vom Anfänger bis zum Topkletterer, alle teilen sie die Liebe zu dieser vertikalen Kunst. Alle erleben sie ein einzigartiges, einfaches Glücksgefühl im Spiel ihrer Hände, die den Felsen berühren — ihren grauen, körnigen Felsen, der sich so sehr von allen anderen unterscheidet und um so viel reicher als alle anderen ist. Fragen Sie einen Bleausard an einer Waldbiegung, warum er sich die Füße mit so viel Liebe abwischt, und er wird Ihnen eine ausweichende Antwort geben; denn wie kann er einem Nichteingeweihten die Freude an der Anstrengung, die Lust am Klettern erklären? Er drückt sie durch die Freude des Augenblicks und die Spontaneität der Bewegung am Felsen aus, die sich über die Gesetze der Schwerkraft hinwegsetzt.

Fontainebleau.

Einige werden ihre Freude am Körper in Schrift und Bild festhalten. Darin werden sie dann über die Zeit ihrer größten Gänsehaut erzählen.

Ein kleines Eckchen Paradies

Ein Berggipfel hat sich in Tausende von wunderlichen Formen zerteilt, übergossen von zartem Grün, harten Goldflecken und dem Rost des Waldes. Diese wilde, noch primitive Natur lädt zur Reise ein. Quer durch die Flußwindungen hat die Zeit keine Beständigkeit mehr. Der Traum nimmt seinen Anfang.
Ein außergewöhnliches Material, der Sandstein: Man betastet ihn gerne, man streichelt seine Kurven, freut sich, eine Welle hier oder eine Einkerbung dort zu finden, aber im Grunde ist er unantastbar. Mehr als alle anderen Felsen riecht er nach Kameradschaft. Er bleibt der ewige Spiegel unserer Freuden und manchmal unserer Leiden. Seine unwahrscheinliche Reibung läßt ihn unwirklich erschienen. Er ist eine Kleinigkeit und zugleich das Wesentliche.

Regeln des Spiels in Fontainebleau

Unsere Vorgänger haben uns Wege hinterlassen, die unsterbliche Zeugnisse ihres Könnens bleiben. Sie spiegeln die Legende von Fontainebleau durch ihren typischen Charakter und ihre Vielfalt wider. Das Spiel selbst hat sich

Kurt Albert, Fontainebleau.

kaum geändert, zu jeder Jahreszeit gehen schräge und eigenartige Typen durch den Wald und suchen nach bekannten oder unbekannten Wegen. Einige finden dort die Freiheit, die ihnen in den Städten fehlt, und den körperlichen Ausdruck ihrer Bedürfnisse, andere schließlich die Freude, die Grenzen ihrer Möglichkeiten immer weiter hinauszuschieben. Es gibt keine festgesetzten Regeln, man läßt nur den Körper mit bizarrsten Bewegungen Antworten auf die Rätsel des Felsens finden, das ist das eigentliche Ziel: die verschlüsselte Botschaft zu entziffern und die Phantasie mit der Realität zu vereinen. Je schwieriger die Aufgabe ist, desto mehr verschwinden die bisher sicher geglaubten Muster von Antworten; kann ein Gefühl überhaupt gemessen werden?

Die Schwierigkeit und ihre Bewertung

Mit jeder Route ist eine Schwierigkeitsangabe verbunden, die zwischen 2 und 8 liegt. Sie hat eine besondere Bedeutung als Maßstab für die gemachten Fortschritte. Die Skala hörte früher unnützerweise bei 6 auf, die zusätzlich in a, b, c, d, e, f, g, h unterteilt war. Erst als der 8. Grad schon seine Zähne zeigte, wagten wir es, den 7. zu definieren. Selbst wenn die Skala nun an Deutlichkeit gewonnen hat, die Schwierigkeiten, eine Stelle zu bewerten, sind geblieben. Jeder sollte in bezug auf seine körperlichen Eigenschaften, seine Größe, sein Gewicht und seine Proportionen eine eigene Skala haben.

Welcher Zukunft gehen wir entgegen?

Das Bouldern in Fontainebleau hat im Lauf der letzten Jahre zweifellos an Popularität gewonnen. Der verstärkte Zustrom von Besuchern vertreibt unerbittlich das letzte bißchen Ruhe aus der Landschaft. Man kennt sich nicht mehr untereinander, der Geist des Zusammengehörens ging verloren. Schritt für Schritt wurde das stimulierende Wetteifern von einst durch harten Wettbewerb ersetzt. Dennoch ist eine kommerzielle Nutzung des Boulderns nur schwer möglich, da keine Hilfsmittel benötigt werden — und die Tiefe fehlt. Das Training wird immer härter und verlangt immer mehr persönlichen Einsatz. Mittlerweile sind wir trotz des Schwierigkeitsgrades 8, den wir inzwischen erreicht haben, noch immer nur in der Vorgeschichte des Rekords. Um sich die Gradskala weiter hinaufzuarbeiten, müßte man das spielerische Element des Kletterns in Fontainebleau aufgeben, um sich der Suche nach dem optimalen Profil eines Sportkletterers zu widmen; es sei denn, einer von unserer Generation findet einen neuen Weg, um im Bereich des „Unmöglichen" Fortschritte zu machen.

Landhaus in der Provence, Südfrankreich.

Marc Le Menestrel in seiner Route „Le Minimum" (8 b/c) in Buoux.

Mühevoll schleppen wir unser Gepäck in die Bucht von En Vau.

In den abgelegenen Buchten wie den Goudes ist weniger Betrieb.

Heinz Zak

Die südfranzösischen Klettergebiete

Calanques

Sonnige Kalkfelsen über tiefblauen Buchten locken jedes Frühjahr Hunderte von Kletterern nach Südfrankreich. Sie entkommen dem heimischen Winter und werden in den zahlreichen Buchten zwischen Marseille und Cassis von bis zu hundert Meter hohen, lohnenden Routen in griffigem Fels erwartet. Die Wege sind gut abgesichert und ermöglichen ein unbeschwertes Klettern — gerade recht für das Einklettern nach der Winterpause. Nur in älteren Routen sind die Haken wegen der Meeresnähe oft gefährlich angerostet. Vertrauenswürdiger sind die Bohrhaken der vielen Sportkletterwege, die erst in den letzten Jahren von Kletterern aus Marseille eröffnet worden sind.

Die Calanques waren für uns junge Kletterer aus Österreich immer ein gesellschaftliches Ereignis. Mit unserer Truppe von etwa zwanzig Leuten ging es abends heißer her als untertags in den Routen. Beim Lagerfeuer am Strand und den Gitarrenklängen von Hansjörg floß der Wein um so leichter die Kehlen hinunter, manchmal bis zum Morgengrauen. Eine unangenehme Begleiterscheinung aller südfranzösischen Gebiete sind die unverschämten Diebe, die schon mehrmals unsere Autos aufgebrochen haben. Die Polizei reagiert

Wolfgang Kraus in „Athos" (7a), Monaco. ▶

Luisa Iovane in „Surveiller et Punir" (7a+), Verdon. ▶

Antoine LeMenestrel in seiner Route „La Rose et le Vampir" (8b).

angesichts Hunderter solcher Vergehen pro Woche recht gelangweilt. Ich kann nur jedem empfehlen, sein ganzes Eigentum (auch Schlafsack, Seile usw.) entweder auf dem Campingplatz zu deponieren oder immer mit sich zu tragen. In den Wänden von St. Victoire konnten wir einmal live miterleben, wie unser Auto unten beim Zeltplatz von einer Gruppe jugendlicher Mofafahrer geknackt wurde ... Trotz dieser Unannehmlichkeiten lohnt sich ein Urlaub in den Buchten von En Vau, Goudes oder Morgiou. Eine der beeindruckendsten Routen war der „Quergang ohne Wiederkehr" in En Vau. Hier quert man eine zweihundert Meter lange Wand. Für Freunde schwierigster Wege gibt es am Tête de Chien über Monaco härteste, sehr gut gesicherte „Freeclimbs".

Buoux

Die Aktivität der Freikletterer hat sich in den letzten Jahren zunehmend in die Gebiete Buoux und Verdon verlagert. Dort gibt es heutzutage die schwersten Wege Frankreichs.

Sepp Gschwendtner im Fingerzerrer „Rêve de Papillon" (8a), Buoux.

Fabrice Guillot in „Requiem" (7c+), Buoux.

Zehn Kilometer südlich von Apt liegt das kleine Dorf Buoux. In einem romantischen Tal unterhalb des Dorfes gibt es an der „Falaise Aiguebrun" feste Sandsteinklettereien. Durch die versteckten Löcher und die ausgezeichnete Reibung gelingen unglaubliche Überhänge und mauerglatte Platten. Die kurzen Routen, die grüne Wiese mit dem kleinen Bach im Talgrund und gute Klettermöglichkeiten das ganze Jahr hindurch machten Buoux zur Hochburg des französischen Freikletterns. Unzählige Toprope-Versuche, das Auswendig-

lernen jeder Passage und das Einzementieren sicherer Haken für den Vorstieg hoben das Leistungsniveau sprunghaft. Ethikgedanken müssen den hohen Schwierigkeitsgraden den Vorrang geben, denn manchmal werden sogar Griffe geschlagen, um den Weg auf die eigene Leistungsfähigkeit herabzusetzen. Ob darin die Zukunft unseres Sports liegt?

Natürlich blieb Buoux nicht lange ein Geheimtip. Ostern 1982 kam es zum Chaos. Kletterer aller Nationalitäten stürmten das Tal, campten überall, parkten die Autos am Rand der ohnehin engen Straße und sorgten zudem für unnötigen Müll. Die Reaktion der in die Enge getriebenen Bewohner blieb nicht aus. Wir waren noch alle im Schlafsack, als etwa zwanzig Polizisten, mit Knüppeln bewaffnet, das Tal räumten und vorübergehend sperrten. Heute

Wolfgang Güllich in der Platte „Dancing dalle" (7a), die direkt über dem Meer beginnt. ▶

Georg Walch in „Necronomicon" (6 b). Dieser elegante Riß zählt zu den Klassikern des Verdon.

ist nur das Klettern an den Confines verboten. Die meisten Kletterer schlagen in Apt ihre Zelte auf.
In Buoux gibt es kaum Routen unter dem Grad 6a. Die derzeitigen Toprouten sind: „La Rose et le Vampir" (8b, Antoine LeMenestrel), „Chouca" (8b, Marc LeMenestrel) und „La Mission" (8b, Didier Raboutou).

Verdon

Senkrechte, zum Teil überhängende Pfeiler schießen vierhundert Meter aus dem düsteren Schluchtgrund. Ungegliederte Plattenfluchten werden durch tiefe Rißsysteme getrennt. Nicht einmal Büsche und kleinere Bäume, die vereinzelt Halt im grauen Fels gefunden haben, vermögen die Ausgesetztheit und Ernsthaftigkeit dieser Routen zu schmälern. Es kostet einige Zeit, bis sich der Kletterer so hoch über dem Boden genauso locker ins Seil zu springen getraut wie bei einem zehn Meter hohen Klettergartenproblem.
Viele Wege wurden technisch eröffnet und später im Zug der Freikletterbewegung frei geklettert. Deshalb sind die älteren Routen gut gesichert und nicht so anspruchsvoll wie die neueren „Freeclimbs", die von oben eingebohrt und meist auch „toprope" ausgecheckt wurden. Der Verdonkalk gilt als einer der besten Europas. Trotz der augenscheinlichen Glätte finden sich Löcher und Seitgriffe. Campingmöglichkeiten gibt es in der nahegelegenen kleinen Ortschaft La Palud. Sie liegt in den unwegsamen Seealpen und ist verkehrsmäßig nur schwer zu erreichen. Ein Kurzbesuch lohnt sich deshalb also nicht. Abends sind die kleinen Gasthäuser gesteckt voll. Leider ist die französische Szene Fremden gegenüber etwas eigenwillig — hier spürt man nichts von der Herzlichkeit, mit der man in englischen oder amerikanischen Gebieten aufgenommen wird.

ITALIEN

Mit siebzehn Jahren kletterte Heinz Mariacher die Rebitschrisse am Fleischbankpfeiler solo. Durch ähnliche Leistungen und durch zahlreiche, großartige Erstbegehungen, vor allem an der Marmolada-Südwand, („Moderne Zeiten") wurde Heinz europaweit bekannt. Zunehmend verlagerte sich sein Schwerpunkt auf das Sportklettern, das er lange als Training für das Gebirge betrieben hatte. Heinz erschloß bedeutende italienische Klettergebiete wie beispielsweise Arco. Es macht Spaß, diesem gelenkigen Ästhetiker beim Klettern zuzusehen.

Heinz Mariacher

Sportklettern in Italien

„Freeclimbing" wirkte in Italien wie ein Zauberwort. Auch wenn es die Ohren der italienischen Kletterwelt mit großer Verspätung erreichte — die Begeisterung war dafür um so größer. Eine Begeisterung, die sich jedoch auf die leicht nachvollziehbaren Begleiterscheinungen, die äußeren Symbole, beschränkte. Der Karneval schien auf einmal das ganze Jahr über zu dauern — die unglaublichsten Gestalten lungerten an den Einstiegen herum und warfen mit englischen Fachausdrücken um sich. Überdimensionale Stirnbänder und lange Unterhosen machten Rekordumsätze, die Magnesiaindustrie erlebte wohl einen noch nie dagewesenen Aufschwung — nur am allgemeinen Leistungsstandard änderte sich vorerst gar nichts. Während Deutsche und Franzosen schnell den Anschluß an die internationale Spitze gefunden hatten, gab man sich in Italien noch lange damit zufrieden, die Spitzenstars nur symbolisch nachzuahmen.
Natürlich gibt es keine Regel ohne Ausnahme: Manolo (mit richtigem Namen Maurizio Zanolla) hatte das „free" ganz für sich allein

◄ Heinz Mariacher in „Via Margherita" (7a+), Lumignano.

Heinz Mariacher in seiner Route „Atomic Cafe" (7c+). Diese anstrengende Untergriffkletterei ist momentan die schwierigste Route in Lumignano.

entdeckt. Das wirkliche italienische Sportklettern ist die Legende des Monte Totoga. Es gibt wohl weltweit kein vergleichbares Klettergebiet — eine bis zu fünf Seillängen hohe und fünfhundert Meter breite Wand mit einer unvorstellbaren Dichte schwieriger Routen — das unglaubliche Werk eines einzigen Kletterers. „Mago" Manolo (Mago heißt Zauberer) hat erst spät Anerkennung für seine mörderischen Fingerzerrer geerntet. Jahrelang stand er im Schatten der „großen Propheten" des italienischen „Freeclimbing", die einen großen Bogen um den Totoga machten und ihre „Philosophie" lieber aus dem fernen Amerika importierten. Nachdem sich der erste Begeisterungstaumel etwas normalisiert hatte und die „Amerika-Welle" abzuflauen begann, war schon der nächste „Prophet" zur Stelle — er hieß Emanuele Cassara und hatte es sich zur Lebensaufgabe gemacht, die Kletterwelt mit der Organisation von Wettbewerben zu beglücken.

Cassara ist kein Kletterer, sondern Journalist, und er hatte einen großen Mangel des Klettersports entdeckt: Das Fehlen von Publikum und Presse. Endlich sollte auch das Klettern, wie alle anderen Sportarten, in den Händen von Journalisten und Funktionären landen!
Drei Wettbewerbe sind bisher über die Bühne gegangen, und wie erwartet waren sie ein großes Chaos. Von der Seite der Kletterer aus gesehen war das Reglement mehr als oberflächlich. Es gab viele Enttäuschte und wenig Zufriedene — aber man sagt, daß das in jedem Sport so ist. Die Gewinner zerbrachen sich nicht den Kopf darüber, ob sie ihren Sieg ehrlich verdient oder dem puren Zufall zu verdanken hatten, und Verlierer sind schlechte Kritiker. An den Regeln wird sich nicht viel ändern, solange jene, die bezahlen, zufrieden sind und die Kletterer weiterhin nicht gefragt werden. So wird also die Zukunft des Klettersports in Italien von Journalisten bestimmt, denn kein Spitzenkletterer wird es sich auf die Dauer leisten können, diese Wettbewerbe zu ignorieren. „Viva lo spettacolo — the italian way of climbing!"

Zum Glück gibt es aber immer noch einen anderen „italian way of climbing": Vor kurzem hat Manolo, der an den Wettbewerben nicht teilgenommen hat, am Monte Totoga das erste 8b Italiens geklettert und Andrea Gallo brütet in Finale superschwere Dinger aus ... Es bleibt also immer noch die Hoffnung, daß der ärgste Enthusiasmus der Wettbewerbsfans vielleicht doch etwas abflauen wird und daß es in Zukunft auch für das Sportklettern in seiner heutigen Form noch Platz geben wird. Platz für einen Weg, den sich die Kletterer selber ausgesucht haben und der ihnen nicht von Leuten aufgezwungen worden ist, für die Klettern nichts weiter als eine Publikumsattraktion ist.

Gerhard Hörhager in „Sylvester" (7b+) an der Rocca di Corno, Finale.

Heinz Mariacher

Der Fels — ein Turngerät

Früher empfand man nur das Durchsteigen alpiner Wände als „richtiges" Klettern. Route um Route folgte man den Spuren der großen Vorgänger Rebitsch, Vinatzer, Cozzolino, Messner . . .

Klettern ohne Abenteuer konnte man sich nicht vorstellen, und die Zukunft des Alpinismus wurde in der größtmöglichen Einschränkung an Sicherungsmitteln gesehen.

Bohrhakengegner zu sein war fast eine Selbstverständlichkeit, und niemand ahnte auch nur im geringsten, daß ausgerechnet an diesem schon totgeglaubten Bohrhaken die Zukunft des Felskletterns hängen sollte. Felsklettern, das bedeutet heute Sportklettern, und gefragt sind nicht mehr die großen Wände, sondern möglichst harte „moves". Vielleicht hat Reinhold Messner gar nicht so unrecht, wenn er sagt, daß das heutige Sportklettern eine neue Epoche des technologischen Alpinismus ist. Denn nahezu alle Routen werden von oben eingebohrt und ausgebouldert, bevor man einen Versuch von unten macht, und vielfach werden sogar schon Griffe und Tritte dort angebracht, wo man sie braucht. Der Fels ist zum Turngerät geworden und von den einstigen Idealen ist nichts mehr übrig geblieben. Was in den Spitzenrouten dieser neuen Generation entscheidend ist, sind Klimmzüge an einem Finger und nicht Traditionsbewußtsein.

Doch technologischer Alpinismus hin oder her — eine Rotpunkt-Begehung ist eine klare Sache, eine alpine Unternehmung aber immer das, was nachher davon erzählt wird . . .

◀ Heinz Mariacher in „Flashdance" (7c+), Nikolaustal.

◀ Manolo in „Signora delle Apiglii" (7c), Arco.

Manolo in „Pol Position" (7 c), Erto.

Heinz Zak

Topklettergebiete Italiens

Arco

Sonne, griffiger Kalk und der Gardasee zum Baden — neben diesem verlockenden Angebot bietet dieses von Heinz Mariacher und Maurizio „Manolo" Zanolla entwickelte Klettergebiet eine einzigartige Vielfalt an Betätigungsfeldern. Von flachen Reibungsplatten bis zu großen Überhängen, von kurzen Sportklettereien bis hin zu tausend Meter hohen, ernstzunehmenden Routen gibt es hier alles. Unbeachtet eröffnete Heinz Mariacher mit seinen Freunden Route um Route, bis er das Kleinod preisgab und Artikel darüber veröffentlichte. Eine Lawine von deutschen und italienischen Kletterern war die Folge. Anfangs ärgerten wir uns über die Tiefstapelei der Bewertungen in den leichteren Wegen; man wußte nie richtig, was einen erwartete. Sonderbarerweise nahm die strenge Bewertung mit steigender Schwierigkeit ab, Topwege waren sogar überbewertet. Der beste Schutz vor solchen Launen ist, in jedem Klettergebiet, das zum ersten Mal besucht wird, einige Aufwärmrouten zu klettern, die deutlich unter dem eigenen Leistungsniveau liegen. Dieses Prinzip ermöglicht auch eine bessere Gewöhnung an die Eigenheiten des Gesteins und der Sicherungsmöglichkeiten. Gerade Arco ist eines der wenigen Gebiete, die in jedem Grad lohnende Wege anbieten. Nachdem zahlreiche Routen vor der Sportkletterwelle eröffnet wurden, sind in den „Klassikern" wie der „Via Somadossi" oder der „Via Renata Rossi" auch in leichteren Seillängen ausreichend Haken vorhanden — ein idealer Tummelplatz nach der Winterpause, um schnell wieder ein Gefühl für die Bewegung zu bekommen.

Von Trient aus führt eine romantische, kurvenreiche Straße in Richtung Gardasee; kleine Seen, alte Burgen und tiefe Schluchten beleben die langwierige Fahrt. Gegenüber der Fischzucht, die einem auf Grund ihres intensiven „Duftes" sicher auffallen wird, liegen die Sonnenplatten. Man darf die weiblichen Sportkletterer ja nicht hintanstellen, aber diese flachen Reibungsklettereien sind als Damenrouten hoch im Kurs, worauf schon die Routennamen „Via Rita", „Via Theresa" oder „Via Claudia" hinweisen.

Senkrechte Plattenklettereien findet man kurz vor Arco an einem versteckten Pfeiler rechts der Straße. Routen wie „Via Nuovo Orizzonte" oder „Via Mago Volante" sind typische Arco-Klettereien: In unübersichtlichen Platten kommen kurze, anspruchsvolle Schlüsselstellen, die eine gute Fußtechnik voraussetzen. Wem anstrengende, überhängende Routen besser gefallen, der kann sich am Colodri oder an zwei Rißdächern in der Nähe austoben.

Die eindruckvollsten und landschaftlich am schönsten gelegenen Routen liegen direkt am See. Senkrecht bis überhängend ziehen die hellgrauen Kalkplatten aus dem dunklen Wasser. An Eisenstiften quert man zu den Einstiegen. Einmal ist mir beim Sichern die Schlinge vom Eisenstift gerutscht und ich bin in voller Adjustierung ins Wasser gefallen. Gott sei Dank konnte sich das vorsteigende Mädchen, sie war gerade drei Meter über dem letzten Bohrhaken, geistesgegenwärtig festklammern. Durch die überhängenden Platten über dem Tunnel gehen die schwersten Wege Arcos: „Signora delle Apiglii", „Tom und Jerry" und „Tom Tom Club".

Finale

Finale liegt an der Riviera, etwa auf halber Strecke zwischen Genua und San Remo. Es ist eines jener Modegebiete, die dem Massenansturm der Kletterer nicht gewachsen sind. Als ideales Winterziel bekannt, werden von Weihnachten bis März die begrenzten Freiräume übervölkert. Der Campingplatz nahe des Mülldepots wurde mittlerweile zu einer zweiten Müllhalde.

Das rauhe Gestein ist gut strukturiert und bietet großartige Lochklettereien. Je steiler der Fels, desto besser die Griffe! Die Erschließer des Gebiets waren G. Calcogne, G. Coppo und A. Grillo. Die wichtigsten Sportkletterwege eröffneten P. Bérhault, H. Mariacher, W. Güllich und A. Gallo.

Die Kletterei spielt sich an wenigen Felsmassiven ab. Es sind dies:

Monto Cucco: Langgezogene, bis zu hundert Meter hohe Kalkwand über Feligno, an der es die lohnendsten Wege Finales gibt — „Aspetando di Sole" (7a), „Supervit" (6b), „L'Ottica" (6a).

Rocca di Corno: Recht gedrängt liegen die kurzen Wege an diesem freistehenden Pfeiler. Die schönste Route verläuft über den auffallenden Pfeiler „Pescecane" (6c); in den Platten links davon gibt es schöne Lochklettereien, z. B. „Ten" (6a+) oder „Odeon" (6a+).

Andere Felsmassive sind Rocca di Perti, Bric Sporentaggi und Bric Pianarella, die bei Hochbetrieb am Cucco oder Corno gute Ausweichsziele bieten.

Weihnachtsrummel am Rocca di Corno.

Heinz Zak

Fasching zu Weihnachten

Wo wir diesmal hinfahren? Einen tollen Geheimtip habe ich von einem Insider bekommen: Finale — Kalkfels wie im Verdon, sonnige

Italien

Wände und keine Leute. Da müssen wir auch hin, bevor das Gebiet von all den Tölpeln überlaufen wird. Sag's bloß nicht weiter!
Im Schrittempo kriechen wir den schmalen Feldweg zur Rocca di Corno hinauf, manövrieren den Bus geschickt durch die planlos geparkten Autos. Im Kampf um die letzten Parkmöglichkeiten greifen die Verlierer zur Verzweiflungstat: Sie demolieren einen Zaun und parken ihre Autos im weichen Feld; nach dem zehnten Auto gleicht die Wiese einer Crossbahn, der Dreck ist knöcheltief. Farbenprächtiger gestaltet sich die Drängelei an den Einstiegen. Die vorgesehene Traumroute ist belegt. Durch ein buntes Wirrwarr von Hosen, Kletterbimbam und Toprope-Girlanden bahnen wir uns den Weg zum Ersatzziel, um abends ohne Frust in der überfüllten Pizzeria über die „Ethik des Sportkletterns" mitdiskutieren zu können.
Ein wilder Schrei übertönt die mindestens in vier Sprachen widerhallenden Seilkommandos. Hat sich jemand verletzt? Nein, das geht schon seit drei Tagen so. Jedesmal, wenn der Spitzenkletterer A. Möchtegern in der Toproute „Keep Smiling" stürzt, schreit er vor Wut, trommelt mit den Händen an den Fels und straft ihn mit Fußtritten. Den unartikulierten Urlauten folgen immer die Worte: „Fuck, Fuck, Fuck", die wohl im Insiderjargon „ablassen" bedeuten könnten.
Neben uns klettert ein Pärchen, das wir schon länger kennen. Das nette Mädchen, das letztes Jahr noch bloße Sicherungsmaschine gewesen war, klettert besser als ihr Freund. Dieser äußert seinen Mißmut durch schlampiges Sichern und blöde Bemerkungen, die die Leistung seiner Freundin schmälern sollen. Es kommt zum Streit. In einer Gefechtspause, schließlich sei man ja zum Klettern da, probiert der Freund, die Route „toprope" zu klettern. Sturz. Obwohl er das Mädchen zehn Zentimeter überragt, liegt sein Versagen an der Reichweite; sie könnte das nur klettern, weil sie kleiner sei und dadurch einen besseren Hebel habe. Ein neuerlicher Schrei unterbricht die Diskussion. Hat A. Möchtegern schon wieder einen Versuch gestartet? Nein, diesmal war's ein Unfall. Der zirkusreife Sicherungshampelmann wollte den Kletterern in seiner Umgebung beweisen, wie meisterhaft er die Seiltechnik beherrscht. Fast im freien Fall ließ er seinen Partner ab, der gerade eine Route geschafft hatte. In seiner Euphorie vergaß er, daß er vorher von einem zehn Meter höher liegenden Podest aus gesichert hatte — nun war das Seilende durch die Sicherung gerutscht und der Freund wie eine Granate in den Boden geschossen. Geistesgegenwärtig spritzten die Kletterer zur Seite und bedauerten den vor Schmerz schreienden, blutverschmierten Verletzten aus sicherer Entfernung, um nicht helfen zu müssen.
Uns reichte es. Zur Aufmunterung wollten wir bei einem Versuch von A. Möchtegern zuschauen. Der Meister bereitete sich gerade auf einen neuen Versuch vor: Stretching, Yoga und autogenes Training („Ich schaffe es, ich schaffe es!"). Nach einem mißgünstigen Blick in die Runde verstummt das Gemurmel. Das Seil ist schon über der Schlüsselstelle eingehängt, der Star klettert sozusagen „toprope". An der heiklen Stelle, einer aalglatten, anliegenden Platte, kommt A. Möchtegern ins Stocken, ein Bein zittert. Alle Fans zittern mit, der Sichernde zieht ahnungslos (?) das Seil straff, es geht auch um seinen Sieg. Trotz des Seilzugs rutscht das zitternde Bein erneut vom Tritt, der Wutausbruch beginnt.
Nachdem er sich beruhigt hat, folgt die Fehleranalyse. Vielleicht sollte er den autogenen Spruch von „Ich schaffe es!" auf „Ruhigbleiben!" abändern . . .
Eine ausgeschmückte Erzählung — leider beruht sie aber auf Tatsachen.

SCHWEIZ

Martin Scheel wurde am 5. 12. 1960 in Zürich geboren. Dort befindet sich auch heute noch sein Briefkasten. Sein ständiges Domizil ist ein Minibus, mit dem er ganzjährig die Klettergebiete Europas bereist. Martin ist einer der wenigen Kletterer, der sein hohes Leistungsniveau im Sportklettern auch in die Alpenwände übertragen kann. Bekannt wurde er durch eindrucksvolle Erstbegehungen im Bockmattligebiet (zum Beispiel „Supertramp"). Diese Wege übertraf er durch Erstbegehungen im Rätikon („Amarcord", IX–) und in den Schafbergen („Kein Wasser, kein Mond"). Trotz der immer schwieriger werdenden Routen blieb er seinem Stil treu: Im Gebirge schlägt er jeden Haken und Bohrhaken im Vorstieg. Seine Vielseitigkeit beweist Martin auch auf seinen Reisen in andere Länder. In Australien gelangen ihm 1984 alle schwierigen Wege („Masada", „India"), in Frankreich kletterte er Toprouten wie „Chouca" (8b) und in Montserrat eröffnete er den schwierigsten Weg Spaniens (8b).

Martin Scheel
Ein Tag im Rätikon
7. Kirchlispitze – „Dohle Jonathan" – Herbst 1986

Ein letzter Zug an der Zigarette, Schuhe binden, los geht's.
Das flaue Gefühl in der Magengegend verschwindet mit den ersten Schritten am Fels, sonst bin ich ruhig und klettere die letzten mir bekannten Meter der Route „Apfelschuß". Heute soll es gerade hochgehen. Die Hände ertasten Neuland, fügen sich in die ersten, scharfen Wasserlöcher, und auch die Füße verlassen den Reibungstritt des Quergangs. Unter den Fingern spüre ich ein kleines Löchlein, denke an den Cliff und überlege, ob hier, fünf Meter über dem Standplatz, ein Bohrhaken angebracht wäre. Aber der Fels ist fest, und ich fühle mich sicher, so daß ich noch die wenigen Züge bis zu den großen Wasserrillen hochsteige.
„O.K., gisch mer d'Maschine!"
An der Leine ziehe ich also das beinahe fünf Kilo schwere Ding hoch, mit der linken Hand einen kleinen Griff haltend, um das Gleichgewicht nicht zu verlieren. Die Rechte führt das Hilfsseil zu den Zähnen. Bohrmaschinengriff fassen und drücken, drücken . . . „Nur" eine Minute, aber dennoch verkrampft sich der Körper, die Finger ermüden. Einmal setze ich kurz ab, kann die Maschine am Körper im Loch stecken lassen und in heikler Position die Arme schütteln. Ausblasen, mit dem Schraubenschlüssel anziehen, und fertig ist der Zauber.
Warum mache ich das eigentlich? Die ganze Anstrengung, die Gefahr, mit der Bohrmaschine aus der Wand zu fliegen, den Bohrstaub in den Kleidern? Wäre doch einfacher, alles einzupacken und auf den Gipfel zu stei-

Martin Scheel bei einem Versuch im „Silbergeier", Kirchlispitze (Rätikon).

gen, um abseilend die nötigen Sicherungspunkte anzubringen. Zwei Tage einrichten, klettern, fertig:
Aber ... die Ethik (Lexikon: Lehre vom sittlichen Wollen und Handeln des Menschen in verschiedenen Lebenssituationen).
Seit hundert Jahren besteigen Menschen sportlich motiviert die Berge und heute ... fliegt der eine mit dem Heli vom Eiger zu Matterhorn und Grandes Jorasses, und der andere rennt an Fixseilstrecken auf Achttausender. Oder eben, er hängt ein Seil in eine Wand und bohrt Löcher in den Fels, bis sie ihm kletterbar erscheint. Und wir halten uns alle für Helden. Bin ich der große Moralist? Nein!

Ich habe Freude am Erstbegehen, Spaß, mich mit einer Wand auseinanderzusetzen und eine Route zu suchen. Einige Male im Jahr jedenfalls brauche ich das prickelnde Gefühl der Ungewißheit, wenn ich vom letzten Bohrhaken in eine unmöglich scheinende Wand steige. Klettern wie am Turngerät kann ich auch im Klettergarten.
Weiter also: Eine Schuppe, die nicht gerade den besten Eindruck auf mich macht, wird angeleimt, und mit dem Hammer entschärfe ich die schlimmsten Wasserlöcher in Reichweite.
Nach wenigen Kletterbewegungen komme ich nicht mehr weiter. Die Hände tasten nervöser werdend Unebenheiten ab, die Schuhe, ohnehin an der Reibungsgrenze, beginnen zu rutschen. Fieberhaft denkt der Kopf Lösungsmöglichkeiten durch, doch keine hilft weiter.
„Heb mi!"
Christine hängt etwas höher als zuvor. Im dritten Anlauf klappt's, und mit etwas weichen Knien stehe ich über dem Wulst. Die Griffe sind seicht, ein Wasserloch für den Cliff kann ich nicht finden, und die Unterarme werden dicker. Hinauf oder wieder runter? Ich entscheide mich für ersteres, überwinde meine Angst. Ein Sturz würde ins Leere gehen, aber dennoch ... Ich bin schon einige Meter über dem Bolt. Die nächste schwierige Stelle kann ich nicht mehr klettern, versuche also den Cliff in einem kleinen Untergriff über mir kopfüber auf Gegendruck unterzubringen, werde immer hastiger und langsam nervös. Er kann nicht halten, denke ich, aber es ist der einzige Ausweg, freiwillig springe ich hier nicht mehr ab. Leicht belasten also ... es knackt, er rutscht etwas zur Seite, bleibt aber hängen. Ich wage kaum zu atmen, selbst die Waden machen sich bemerkbar, und ich muß mir Ruhe einreden, damit nicht der ganze Körper zu zittern anfängt.

Die Kirchlispitze, Rätikon.

Die Leine ist unendlich lang, die Maschine schwer. Drücken, eine Minute „nur" . . .
Fünf Tage klettern, jümaren, Seilmanöver. Zehn Seillängen ist die Tour lang, fünf in den Schwierigkeitsgraden VIII und IX, und mit fünfzig Bohrhaken und fünfzehn Haken vollständig ausgerüstet. Wir brauchten also nur Seil und Karabiner mitzunehmen, als wir, mein italienischer Freund Francesco Piordi und ich, die „Dohle" zwei Wochen später in einem Zug frei durchstiegen. Natürlich hole ich mir auch Kritik ein mit dem Schlagen von Bohrhaken, wo Klemmkeile gelegt werden könnten. Aber geht es uns nicht darum, einen größtmöglichen Genuß zu erzielen? Ich jedenfalls freue mich, wenn ich kämpfen muß am Fels – anstatt um Sicherungen und mit schlechten Haken. In diesem Sinne möchte ich auch bei Erstbegehungen Touren hinterlassen, in denen Abenteuer und Genuß gemeinsam erlebt werden können.

Martin Scheel

Spitzenklettern in der Schweiz

Die ersten sportlich ambitionierten Freiklettereien in der Schweiz wurden, wie sollte es anders sein, von Amerikanern eröffnet, und zwar bereits 1976. Während eines Kurzbesuches durchstiegen Rick Hatch und Henry Barber im Klettergarten Haldenstein bei Chur die Routen „Blaue" und „Plattenwand" (beide VII–). Doch fand diese „revolutionäre" Tat seinerzeit noch kaum Beachtung. Erst in den darauffolgenden Jahren wurde die Zeit reif für neue Ideen und Tendenzen, die sich in den Nachbarländern Deutschland und Frankreich zum Teil schon durchgesetzt hatten. Entscheidende Anregungen erhielten die Schweizer Kletterer auf Reisen in auswärtige Gebiete, wie in die Südpfalz und in das Yosemite.

Das Jahr 1978 brachte dann die ersten frei gekletterten Routen in den Schweizer Alpen. In Angriff genommen wurden meist ehemals hakentechnisch durchstiegene Wege, diese wurden jedoch nur selten Rotpunkt, sondern meist mit Ausruhen geklettert.
Erste Höhepunkte waren sicherlich der frei durchstiegene Salbitschijen-Westgrat von Hans Herwald und die Erstbegehungen „Fair Hand's Line" (Handegg, VI+, Jürg von Känel) und „Superlative" (Bockmattli, VII–, Martin Scheel). In den Folgejahren breitete sich die Sportkletterbewegung immer weiter aus und erfaßte weitere Teile der vornehmlich jüngeren Generation, für die der Klettergarten eine neue Bedeutung bekam.
Auch in den Klettergärten wurden nun die meisten der alten Wege frei durchstiegen und neue eingerichtet. Im Basler Jura waren es unter anderen Richi Signer und Martin Scheel, die die ersten schwierigen Routen ohne Ausruhen frei durchstiegen („Metzerstraße", „Iseaffe", VIII), im Telli bei Luzern Dani Schweitzer

Schweiz

Jürg von Känel in „Upatopie" (VIII), Ueschinen.

und Patrick Schmid („Massacre", VIII), im Haldenstein Marc Graf und in den Klettergärten von Bern Jürg von Känel.

Dank des unermüdlichen Kletterteams Phillip Steulet und Wenzel Vodicka finden wir zur Zeit die größte Ansammlung schwierigster Kletterwege im Basler Jura. Aber auch in anderen Landesteilen entstehen immer mehr neue Klettergärten, werden härtere Touren gemacht, wie das „Haslizontal" am Sustenpaß von Jürg von Känel oder „Subway" am Petit Capucin bei Montier von Steulet und Vodicka (beide X–).

Mit der Steigerung der gekletterten Schwierigkeiten wurden auch die alpinen Sportkletterreien nicht nur schwieriger, sondern auch schöner. Der Fels der Schweizer Berge läßt sich zum Teil ohne weiteres mit den Verdonwänden oder auch dem Granit des Yosemite vergleichen. So ist es kaum erstaunlich, daß einige Kletterer (Martin Scheel, Michel Piola) dazu übergegangen sind, in harter Arbeit ihre oft mehrere hundert Meter hohen Erstbegehungen klettergartenmäßig einzurichten.

Rätikon

Der Rätikon ist das Grenzgebirge zwischen dem Fürstentum Liechtenstein, der Schweiz und Österreich. Für den Kletterer interessant ist der südliche Teil mit den mächtigen, bis fünfhundert Meter hohen Südabstürzen von Kirchlispitzen, Drusen- und Sulzfluh. Erreicht werden diese vom schweizerischen Prättigau her, der Stützpunkt für Sportkletterer ist das „Grüscher Älpli", das auf schmaler und schlechter Straße von Schiers über Schuders erreicht wird. Der Zustieg zu den Kirchlispitzen ist kurz (etwa eine halbe Stunde), also auch für Sportler erträglich, der zur Drusenfluh etwas länger. Als Max Niedermann und Wisi Fleischmann 1954 den Südpfeiler des Großen Drusenturms begingen, kletterten sie erstmals einige Seillängen in kompakten Rätikonplatten (VI, erste freie Begehung der gesamten Route durch J. v. Känel, 1978, VII). Aber erst viele Jahre später wurden die gewaltigen Plattenschüsse der Kirchlispitzen angegangen (7. Kirchlispitze, „Via Andres", 1977 von Vital Eggenberger und Ueli Hew, VI/A2).

Das Jahr 1984 brachte dann die eigentliche Wende in Richtung Sportklettern und den IX. Grad im Rätikon. Die weit überhängende Ausstiegsseillänge der „Via Andres" wurde frei durchstiegen (IX) und mit der Erstbegehung von „Amarcord" (IX–, Martin Scheel) konnte im zentralen, teilweise überhängenden Wandteil rechts der „Via Andres" erstmals der IX. Grad bei einer Erstbegehung im Vorstieg geklettert werden.

Eine weitere Steigerung in Schwierigkeit und Schönheit brachten 1986 die Routen „Hannibals Alptraum" (IX–, Röbi Bösch, Martin Scheel) und „Dohle Jonathan" (IX, Scheel, Trunninger). Beide Routen wurden mit mehr als fünfzig Bohrhaken vollständig ausgerüstet und können mit den schönsten Verdonanstiegen verglichen werden.

Basler Jura

Südwestlich von Basel in einem Umkreis von zwanzig Kilometern befinden sich ein gutes Dutzend kleinere Klettergebiete.

Obwohl anfangs in allen Gebieten einige interessante Touren entstanden, konzentrierte sich die Aktivität in den Jahren von 1980 bis 1983 fast ausschließlich auf das Klettergebiet Pelzmühletal, genannt Pelzli. Die ersten Routen im VIII. Grad wurden von Richi Signer geklettert; etwas später jedoch dominierte der junge, spindeldürre Eric Talmadge in der Szene. Beinahe täglich kletterte er und löste die schönsten Wandprobleme („THC", IX–; „Eispalast", IX; „Zeitmaschine", IX–).

Thomas Kraus in „Rêve de France" (IX–), Basler Jura.

1984 entdeckte der Exiltscheche Vaclav (Wenzel) Vodicka den Balmkopf, eine in Vergessenheit geratene Wand in der Nähe von Nunningen, und erschloß dort zusammen mit Phillip Steulet eine ganze Reihe schwierigster Klettereien („Ringe der Kraft", IX–, 1984; „Dautless", IX+; „Cottonclub", IX+, 1985).

Wiederum ein Jahr später begannen die beiden mit der Arbeit an den enormen Überhängen in Chuenisberg, einem langgezogenen Felsband bei Neunzlingen-Dorf. An diesen zwischen Bäumen versteckten Felsen kann auch bei wärmstem Wetter geklettert werden — vielleicht mit ein Grund, warum sich der junge Pariser Antoine Le Menestrel im Sommer 1986 mit dem schwierigsten Dach-Problem beschäftigte und in zehntägiger Arbeit „La Ravage" eröffnete. Mit dem Grad 8b+ (X+) bewertet, ist dies zur Zeit der schwierigste und sicherlich eindruckvollste Schweizer Freeclimb, handelt es sich doch um eine fünfzehn Meter lange, 45 Grad überhängende Platte. Die zweite Begehung glückte Wenzel Vodicka, allerdings nach einem Griffausbruch und längerer Arbeit. Die Route soll noch etwas schwieriger geworden sein . . .

Abgesehen von dieser Spitzenroute bietet Chuenisberg einige ganz schön verrückte Überhänge („Monster Crack", „Marqué en toit", „Extrabreit", alle X–) und ein paar wenige — auch nicht gerade leichte — Aufwärmtouren.

Berner Oberland

Ebenso wie im Basler Jura gibt es im Berner Oberland ein Dutzend Klettergebiete, von denen hier die zwei wichtigsten vorgestellt sein sollen.

Wilderswil ist mit fünfzig Routen in den Graden VII bis X der größte Klettergarten des Oberlandes. Die Felsen sind nach Norden gerichtet,

Jürg von Känel in „Haslizontal" (X–), Sustenpaß.

also ideal zum Klettern im Sommer, jedoch nach längeren Regenperioden häufig naß. Die Wand kann von der Straße Wilderswil (Interlaken) — Saxeten her in wenigen Minuten erreicht werden (Parkplatz in der ersten Rechtskehre).
Die meisten der schwierigen Kletterwege wurden von Jürg von Känel erstmals Rotpunkt durchstiegen („Bromberri", VIII+; „Clou" IX). Ihm gelang im Sommer 1986 auch die derzeit schwierigste Route des Gebiets, „Schlangenhals" (X/X+), die neben „Ravage" im Basler Jura eine der schwierigsten Sportklettereien der Schweiz ist. Die 25 Meter lange Tour führt über ein gewaltiges Fünf-Meter-Dach und dann in immer noch schwierigem, überhängendem Gelände zum Ausstieg. Auch Peter Abegglen konnte einige schwierige Routen eröffnen („Visualstreß", IX/IX+; „Ghostbuster", IX+).
Das Rotsteini ist sowohl für den Anfänger als auch für den Könner ein interessantes Gebiet. In einer märchenhaften Waldlandschaft oberhalb Meiringen (Zugang vom Spital Meiringen in zwanzig Minuten auf bequemem Weg) finden sich an zwölf im Wald verstreuten, zehn bis vierzig Meter hohen Blöcken Routen im IV. bis zum unteren X. Schwierigkeitsgrad. Für den gemäßigten Kletterer bietet sich der Breitnollen mit seiner Südwand an („Kante", IV+; „Diagonal", VI; „Plattenweg", VII+). Der Sportkletterer findet am Chaspifels gleich sechs Wege zwischen VIII und X– („Chaspis zweiter Traum", IX; „Z.E.N.", X–, von J. v. Känel; „Kleopatra", IX+, von P. Abegglen).

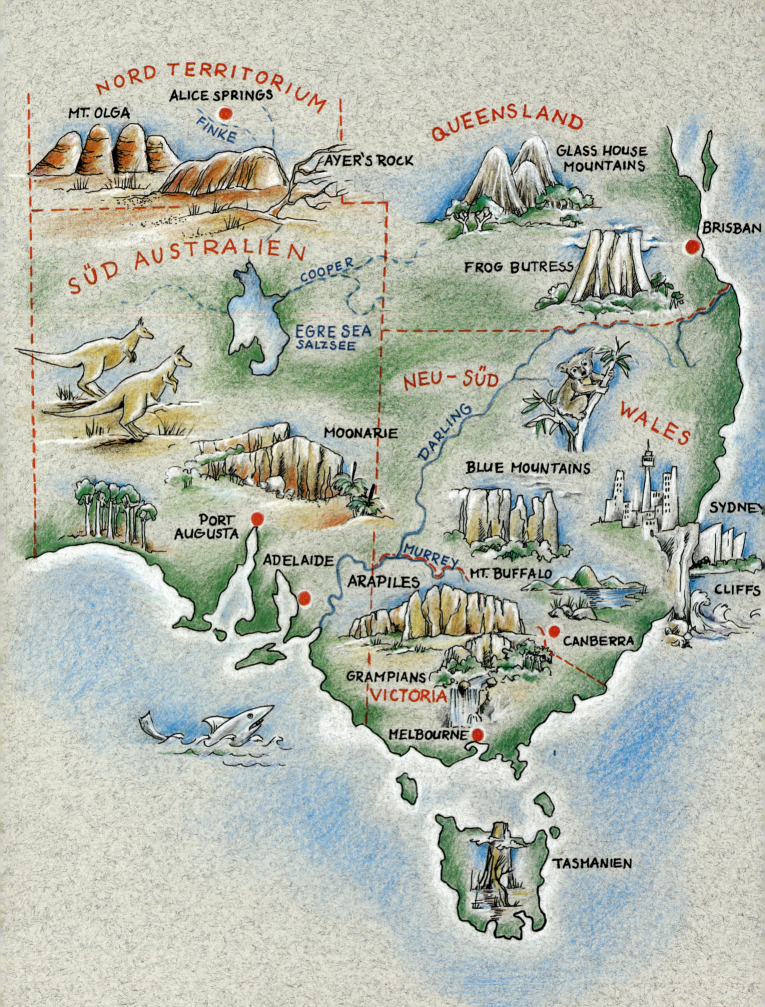

AUSTRALIEN

Seit Jahren ist Kim Carrigan der beste Kletterer Australiens. Er beschränkt seine Aktivitäten aber nicht nur auf Erstbegehungen am Mt. Arapiles (z. B. „Masada", 30, „India", 29) oder andere australische Gebiete. Jährlich reiste Kim in die USA und nach Europa, wo dem hervorragenden On-sight-Kletterer schwerste Wege in wenigen Versuchen gelangen („Grand Illusion", „Rostrum etc."). Heute lebt Kim in der Schweiz, wo er trotz seines zeitaufwendigen Jobs noch viel unterwegs ist (z. B. „Kein Wasser, kein Mond").

Kim Carrigan

Es gibt hier keine Berge

In den letzten Jahren ist viel über das Klettern in Australien geschrieben worden. Hört man auf die Franzosen, würde sicher jeder zu Hause bleiben; denn wie jedermann weiß, kann es kein Gebiet der Welt mit Südfrankreich aufnehmen! Sicher ist, daß Australien nicht mit Europa zu vergleichen ist; jeder, der das vom Fünften Kontinent erwartet, wird bitter enttäuscht sein. Dafür bietet er eine eigene Art von Kletterei, begleitet von Abenteuern und seltsamen Tieren.

Obwohl es in Australien keine Berge gibt, finden sich überall Sportklettergebiete. Wie in den meisten westlichen Staaten wuchs auch hier in den letzten Jahren das Interesse am Freiklettern explosionsartig an. Dies machte die Klettermedien auf die besten Gebiete aufmerksam. Arenen wie Mt. Arapiles, die Grampians und Frog Buttress werden zunehmend das Ziel der internationalen Kletterszene, und das aus gutem Grund. Fast perfektes Wetter

Wolfgang Güllich in seinem Weg „Punks in the Gym" (32), der derzeit schwierigsten Route Australiens.

In der Milkshake-Bar in Natimuk machen die Delaneys den besten Milkshake der Welt!

das ganze Jahr hindurch, kurze Zustiege und eine Fülle von großartigen Wegen in jedem Schwierigkeitsbereich haben zu der steigenden Popularität beigetragen. Viele Besucher unterschätzen die Größe dieser spärlich besiedelten Insel. Während die großen Städte reichlich Abwechslung bieten, liegen die einsamen Klettergebiete für Tagesausflüge zu weit entfernt. Dies macht es den Kletterern schwer, ein normales Leben zu führen. Die Notwendigkeit, über längere Zeit zu campen, hat unter den Kletterern eine Haßliebe zu den einsamen Naturgebieten hervorgerufen. In Europa ist Klettern aufgrund der Akzeptanz des Wettkletterns und wegen der großen Populationsdichte schon fast zum Modesport geworden. Anders in Australien, wo Klettern mit weniger als 3000 Aktiven ein Minderheitensport ist. Die Öffentlichkeit ist erstaunlich falsch informiert: Die Kletterer werden als Draufgänger angesehen, die leichtsinnig ihr Leben riskieren. Verbunden mit dem fehlenden Respekt vor Traditionen hat dies zur Bildung einer eigenwilligen Szene geführt. Eine ungewöhnliche Mischung verschiedenartiger Charaktere führt oft zu Konflikten und lebhaften Diskussionen, nur die Mode am Fels ist immer bunt: Geschmückt wie Papageien wollen alle einander an Abscheulichkeit übertreffen. Die meisten neuen Wege scheinen lautstark über die Persönlichkeit des Erstbegehers Auskunft zu geben. In Routen von Mike Law z. B. befindet sich ausnahmslos eine Unmenge fixiertes Material von zweifelhaftem Wert, während Mark Moorhead Bohrhaken immer dort plazierte, wo man sie schwer einhängen kann. Im Gegensatz dazu sind Routen von Malcolm Mathewson, HB genannt, technische Meisterwerke; gut möglich, daß der Kletterer dort 20 Millimeter starke Bohrhaken mit überdimensionalen Ösen vorfindet oder angeklebte Schuppen, ewig gesichert vor gewichtigen Rohlingen. Er lebt nach dem Motto: „Warum etwas stark genug machen, wenn es zehnmal stärker gemacht werden kann, als es notwendig ist."

Im Gegensatz zu Europa ist im australischen Klettersport die Verteilung der Geschlechter ausgewogen. Es klettern nicht nur mehr Frauen, sie steigen auch genauso oft wie Männer selbst in schwierigen Wegen vor. Die Frauenrechtlerin Louise Shepherd war die treibende Kraft hinter diesem Trend. Durch ihre Frauenkletterschule „Sheer Height" und durch ihr Beispiel als starke Vorsteigerin trug sie viel zu dieser Entwicklung bei. Dies wurde im allgemeinen von der ganzen Szene begrüßt.

Kim Carrigan bei einem Erstbegehungsversuch. ▶

Ingo Knapp in „Audial by Fur" (26) an den Klippen von Sydney. ▶

Geoff Weigand und Wolfgang Güllich im Camp am Arapiles.

Geoff ist neben Kim Carrigan der erfolgreichste australische Kletterer. Neben härtesten Erstbegehungen in den Blue Mountains und am Mt. Arapiles („Power, Corruption and Lies", 28) gelangen ihm schwierigste Wege in den USA und Deutschland. Zum Thema „Kletterstil in Australien" sagt er folgendes:

Geoff Weigand

Australischer Kletterstil

Weil die Felsen viel technische Kletterei verlangen, ist das „hangdogging" eines Abschnitts vom obersten Runner die gebräuchlichste Aufstiegsform. Während jedoch in den letzten Jahren die technischen Ansprüche gestiegen sind, hat sich die Klettermoral eher verschlechtert. Der Grund liegt vielleicht im Effizienzdenken, aber eher wohl in der Faulheit. Klettern von Bohrhaken zu Bohrhaken und vorheriges Üben vom Toprope sind zur Erschließung der heißesten Neurouten eingesetzt worden. Insoweit geht es hier nicht besser zu als im Rest der Welt. Andererseits ist die Zahl der Routen, die *on sight* begangen werden, dramatisch angestiegen. Hoffentlich ist das eine Tendenz, die von Einheimischen und Besuchern in den kommenden Jahren zunehmend gepflegt werden wird, wenn es um die letzten Schwierigkeiten geht.

Kim Carrigan

Die Entwicklung

Charakteristisch für unsere kurze australische Klettergeschichte sind Perioden schneller Entwicklung, die meist durch fremde Einflüsse eingeleitet wurden. Abgesehen von ersten Felsexkursionen in den dreißiger Jahren, begann das australische Klettern in den späten fünfziger und frühen sechziger Jahren mit den Erfolgen von Bryden Allen und John Ewbank. Fern vom Alpinbergsteigen kletterten die beiden Ex-Briten nach englischer Tradition. Eine bedeutsame Neuerung war die Einführung einer eigenen australischen Schwierigkeitsbewertung durch Ewbank (die Skala geht von 1 bis 32, je höher die Zahl, desto schwieriger die Route), ansonsten waren Ethik und Stil britisch. 1975 besuchte Henry Barber Australien. Die Seifenblase unserer Selbstzufriedenheit zerplatzte diesmal durch einen bedeutenden amerikanischen Einfluß. Barber kletterte nicht

Louise Shepherd in ihrer schwersten Erstbegehung „Julie and Celine go Bolting" (25), Arapiles.

nur viele Routen bis zum Grad 23, er bescherte der Zukunft zudem Magnesia und für eine kurze Zeit weiße Hosen und Schildmützen! Von größerer Bedeutung als die von ihm gekletterten Routen waren seine phantastischen Versuche, Wege wie „Manic Depressive" oder „Prokul Harum" frei zu klettern. Australische Kletterer hatten durch ihn die Freiklettermöglichkeiten erkannt, aber der geistige Sprung vom Konzept zum realen Versuch war noch nicht gemacht worden. Als jedoch diese geistige Barriere zusammenbrach, stand einer raschen Weiterentwicklung des australischen Kletterns nichts mehr im Wege. Motivation und Inspirationen kamen auch von australischen Kletterern, die im Ausland lebhaftere und dynamischere Kletterszenen kennenlernten. So wurde jährlich andächtig die Pilgerfahrt ins Yosemite Valley in Kalifornien unternommen, das für mehrere Jahre das Mekka des Freikletterns darstellte. In letzter Zeit ist der Haupteinfluß bezüglich Ethik und Stil aus Europa gekommen. Sowohl durch Besuche von europäischen Kletterern wie Wolfgang Güllich, Martin Scheel und Jean Marc Troussier, als auch durch Australier, die Europa besuchten, erfolgte eine Trend-Wandlung von der On-sight-Begehung mit natürlichen Sicherungen zur oft geprobten Route mit fixierten Sicherungen. Normalerweise sieht man diesen Stil erst bei ganz schweren Wegen, an denen keine natürlichen Sicherungsmöglichkeiten vorzufinden sind. Will jemand auf breiter Basis Erfolg haben, gehört dazu eine ausgefeilte Klemmkeiltechnik ebenso wie eine enge Gymnastikhose. *Yo-yoing* wird aus Tradition akzeptiert. Um eine reguläre Begehung zu schaffen, müssen alle Sicherungen im Vorstieg von unten eingehängt werden. Solange keine Sicherung technisch gelegt wird, darf der Kletterer das Seil über Nacht hängen lassen. (In der Route „Yesterday" nagte eine Maus das Seil durch.) Obwohl eine Route in einem Zug durchstiegen werden soll, dürfen *no-hand-rests* ausgenützt werden, d. h. man kann immer wieder vom *no-hand-rest* aus starten (was der Rotkreisbegehung in Deutschland entspricht).

Heinz und Martin Zak bei der morgendlichen Pancake Party.

Die „Residents" leben das ganze Jahr über im „Camp Hog" am Arapiles.

Geoff Weigand

Ziemlich relaxed ...

Arapiles ist der einzige Ort in Australien, wo sich eine ständige Kletterkolonie eingerichtet hat. Ein buntes Häufchen! Die „Einwohner" von Arapiles sind wahrscheinlich auf der Welt führend in New-Wave-Klettermode. Viele der Dauerbewohner scheinen genausoviel Zeit mit allen möglichen subversiven Aktivitäten wie mit dem Klettern zu verbringen. Jene reichen von gigantischen „Kuchenparties" über stundenlange Züge durch Supermärkte (verbunden mit entsprechender Beunruhigung der Ortsansässigen) und Fischzügen in den Bächen der Umgebung bis hin zu allen möglichen Veranstaltungen und Überraschungen im Kletterlager, wenn die Leute sich wirklich langweilen. Das Lager in den Pinien ist unübertroffen, was Streß- und Gebührenfreiheit angeht. Hoffentlich wird das noch eine Weile so bleiben. Die Kletterer, die hier dauernd hausen, sind ziemlich relaxed, und das färbt auf viele Besucher wohltuend ab, die an eine mehr wettkampfbetonte Szene gewöhnt sind. Bei den Bewohnern der Kletterkolonie kann man im allgemeinen auch alle Infos über neuerschlossene Routen und trickreiche Wiederholungen bekommen.

Wolfgang Güllich stürzt in der Route „Anxiety Neurosis" (26), Arapiles.

Wolfgang Güllich
Tagträumer und Abenteurer

„You're nuts — total verrückt! Zum Klettern nach Australien — hierhier ans andere Ende der Welt. Im ‚Land down under' gibt es keine Berge!" kichert die Dame neben mir belustigt, und es scheint, als versuche sie dabei meinen Charakter zu ergründen. Nur rein historisch sei die Entstehung aus einer Sträflingskolonie. „Aber Tagträumer oder Abenteurer sind noch immer die meisten hier." — Welch ein Trost! Den Ruch des Wahnsinnigen möchte ich verlieren und suche im Reiseführer nach einer Rechtfertigung. Hoffnungsvoll deute ich auf einen Punkt. „Mount Arapiles — ohne Höhenangabe —, das wird nur eine Erhebung in der Wüste sein." Geringschätzig schüttelt die Dame den Kopf. Ich bin geschlagen und lache dann befreit: „Ich wäre schon belohnt, wenn ich den deutschen Winter im Dämmerzustand dieses Fünfundzwanzig-Stunden-Fluges gegen hochsommerliche Temperaturen tauschen könnte." Dieser Wunsch geht mir in Melbourne in Erfüllung — fünfzig Grad Temperaturdifferenz nach den Minusgraden in Frankfurt.
Kim wartet bereits. Ausgelaugt falle ich in seinen Wagen und lasse die letzten dreihundert Kilometer an den endgültigen Bestimmungsort geduldig über mich ergehen.
Natimuk, das ist eine Häuserreihe entlang der Haupt- und gleichzeitig einzigen Straße. Die Tankstelle, das Restaurant, ein Gemischtwarenladen und die Häuser der wenigen Anwohner sauber aufgereiht. Die Attraktion hier im Ort ist Kims Haus. Hier leben sie als Freunde, einige Kletterer, in dieser Wohngemeinschaft mit gleichen Interessen. Als ich eintrete, glaube ich zu träumen. Ist es wieder ein Streich der Phantasie, jetzt so weit weg von daheim Heinz und Angelika Zak, Martin Scheel, Christine Trunnin-

Australien

Ingo Knapp in „Kachoong" (21). Dieses elegante Drei-Meter-Dach zählt zu den weltbesten Kletterrouten.

ger und Ingo Knapp zu treffen? Ich schiele durch das Fenster ins Freie und erwarte schneebedeckte Flächen. Aber zu sehen ist nur verdorrtes Gras. Begeistert erzählen die Freunde von Australien. Seit sechs Monaten unterwegs, das nenn' ich Unternehmungsgeist. So lange schon hier, das gibt ihren Worten Gewicht — und ich kann keine Zweifel haben, als sie den Arapiles zum besten Klettergebiet der Welt erklären.
Die fünf Kilometer lange und hundert Meter hohe Felskette zeichnet sich weithin sichtbar über der endlosen Ebene von Kornfeldern ab. Sie überragt alles. Ich fühle, daß ein solcher Anblick die Frage nach den Gründen des Klettersports von selbst beantworten muß. Am Abend, wenn die einsetzende Kühle den Hitzedunst aufsaugt, wird der Blick frei auf die bizarren Felsbastionen. Wahrhaftig, dies kann kein Traum sein. Ich brenne darauf, die Erzählungen und eigenen Vorstellungen mit der Realität zu vergleichen.
Realität ist auch die vom Winter geschwächte Kondition. „Kein Problem", meint Heinz gönnerhaft, „bei zweitausend Routen werden wir schon das richtige finden." Nach dem abschätzenden Blick auf den Pigmentierungszustand meiner Arme und einem kurzen Exkurs über die Gefahren von Hautkrebs steuert er zielstrebig auf eine der schattenspendenden Schluchten zu. Die Strukturvielfalt dieses orangegelben Quarzitgesteins ist einfach überwältigend. — Überall deuten Magnesiaspuren auf die Existenz von Kletterrouten hin — durch glatte Platten, Wände, Risse und gewaltige Dächer. „‚Anxiety Neurosis' zum Einstand?" Das Gestein ist von unvergleichlicher Qualität, die Route ist gut abgesichert, so daß der Trainingsrückstand keine akute Bedrohung darstellt. Und für die Kletterei scheint mir kein Superlativ treffend genug. Hier habe ich mich mit dem Arapiles-Virus infiziert. Oder ist es die berühmte Liebe auf den ersten Blick?
Eine feine Rißspur zieht steil nach oben. Bohrhaken zur Absicherung gibt es nicht. „Clean", also sauber, das heißt ohne bleibende Spuren zu hinterlassen, muß eine solche Route durchstiegen werden. Klemmkeile werden nur zur Absicherung benutzt und dann vom Nachsteiger wieder entfernt. Hier sind oft Mikroklemmkeile von der Stärke eines Pfennigstückes die einzig wirksame Lebensversicherung. Die extrem hohe Gesteinsfestigkeit und seine Struktur machen einen solchen Einsatz kalkulierbar. Martin bringt etwas Licht in die für uns fremde australische Bewertungsskala. „30" heißt hier das mystische Limit. Voller Hochachtung erzählt er von „India" (29) und „Masada" (30) und gibt uns nützliche Hinweise.
Die Top-Ten Routen sind hier das Ziel. Sie sind nahezu identisch mit den schwierigsten Klettereien des gesamten Kontinents. Bis zum Grad 30 hat Kim die Tabelle im Lauf der Jahre nach oben geboxt und dennoch warten unzählige neue Projekte, um der Steigerung einen neuen Namen zu geben. Besonders eine Wand sticht in dieser Bemühung heraus. Martin hat sie durch entsprechende Ansätze bereits dem Definitionsbereich „Unmöglich" entrissen, bevor er die Heimreise antreten mußte und sein Ziel an die Einheimischen mit dem prophetischen Namen „Punks in the Gym" weitergab. Mit steigender Leistungskurve und der psychischen Stärkung durch die vier schwierigsten Routen („Masada", 30; „Ethiopia", 29; „India", 29; „Lat's have Feelings too", 28) wuchs mein Wunsch bis zur Besessenheit, mich nun an dieser Route zu versuchen. Tatsächlich hatte ich noch nie zuvor ein Sportkletterziel von vergleichbarer Schönheit gesehen. Mitten durch die pralle, abweisende Talseite eines freistehenden Turmes, die einzig mögliche, asketische Linie, im momentanen klettertechnischen Grenzbereich emporzuziehen, das muß die Idealisierung des

Heinz Zak in „Angular Perspective" (27) in den Grampians. Über einen Meter muß man von diesen Fingerlöchern aus zum nächsten Griff springen.

Martin Scheel an der „Great Wall" in Moonarie. ▶

sportlichen Freiklettergedankens sein. Eine solch besondere Situation weckt die allerhöchste Motivation — sie konzentriert alle Energien nur noch auf ein Ziel. Die vier extremen Boulderpassagen zu einem einzigen Bewegungskomplex zu verbinden, schien anfangs völlig aussichtslos. Der ökonomisierende Faktor in der Bewegung und die immer präzisere, flüssigere und konzentriertere Anwendung moderner Kletterkoordination sind der Schlüssel zum Erfolg.

Als endlich nach der Vorarbeit von einigen Tagen der gesamte Durchstieg gelingt, ist ein neuer Schwierigkeitsbereich (32) und ein persönlicher Schwierigkeitsrekord realisiert. Vorbei sind die Anstrengung, der Kampf und die Zweifel. Gott sei Dank. Vielleicht? Denn gegangen sind auch die Hoffnung und die leidenschaftlichen Gedanken. „Emotional ausgebrannt", das ist die Kehrseite der Medaille. Die Tage vergehen, aber nichts kann mich mehr begeistern. So leicht also schleicht sich Arbeitstrott in den Sport ein. Klettern mit emotionaler Rationalisierung oder aus unersättlicher Routenhabgier? Ganz klar ist: Die Maschine am Fels darf es nicht geben! Dafür ist das Spektrum dieser Sportart zu vielfältig, und wir haben uns doch hauptsächlich wegen dieses Lebensstils für sie entschieden.

Heinz Zak

Bedeutende Klettergebiete

Arapiles

Der Mt. Arapiles liegt 300 Kilometer nordwestlich von Melbourne. Die unscheinbare, fünf Kilometer lange Sandsteinklippe ragt 150 Meter

Arapiles

aus den goldenen Kornfeldern der Wimmera-Ebene. Eisenfester Quarzsandstein und eine unübertroffene Vielfalt an Klettermöglichkeiten in jedem Schwierigkeitsgrad (1 bis 32 nach australischer Skala) machen den Arapiles zu einem der weltbesten Klettergebiete. Es gibt etwa 2000 Routen, von denen sich fast alle lohnen. Die meisten Wege können mit Klemmkeilen ideal abgesichert werden; in sicherungsfeindlichen Platten stecken Bohrbolzen (Drahtklemmkeil darüberschieben!). Der Traum jedes Sportkletterers: Alle Routen können in fünf bis zwanzig Minuten erreicht werden. Am Arapiles kann das ganze Jahr hindurch geklettert werden. In den heißen Sommermonaten (Januar und Februar!) findet man in den windigen Schluchten Schutz vor der Hitze, im regnerischen Winter (Juli und August) wird an sonnenbeschienenen Platten geklettert. Die Top-Routen sind derzeit:

Punks in the Gym (32 = X. Grad, W. Güllich)
Wisdom in the Body (31, W. Güllich)
Lord of the Rings (31, S. Glowacz)
Masada (30, K. Carrigan)
Die empfehlenswertesten Routen am Arapiles:
Bard (13, 50 Meter hoher Riß)
Moby Dick (17, Riß)
Thundercrack (20, Wand und Riß)
Pilot Error (21, Zwei-Meter-Dach mit einem losen Griff, der wie eine Schublade herausgezogen werden kann. Nachher sollte er mit dem Fuß wieder hineingeschoben werden, um dem Nächsten denselben Schock zu bescheren.)
Kachoong (22, Drei-Meter-Dach)
Orestes (23, Bilderbuchverschneidung in rotgelbem Fels)
Trojan (24, überhängender Fingerriß, schönes Ausdauerproblem)
Have a Good Flight (25, phantastische Wandkletterei an Leisten)
Prokul Harum (26, riesiger Überhang)
Requited (27, überhängende Wand mit einem schweren Abschlußdach)
Cobwebs (28, trickreiche Riß- und Wandkletterei)
Yesterday Direct (28, abwechslungsreiche Wandkletterei)
India (29, nach einer Boulderstelle folgt noch ein bogenförmiger Dynamo)
Punks in the Gym (32, eindrucksvollste Wandflucht am Arapiles; ein Hammer!)

Grampians

Hilft im Hochsommer selbst der weltberühmte, eiskalte Milkshake in Natimuk nichts mehr, wechseln wir die Tapeten und fahren in die 100 Kilometer südlich gelegenen Grampians. In diesem menschenleeren Bergland begegnen wir den Aushängeschildern des australischen Tourismus: Koalabären, Känguruhs und kreischenden, buntschillernden Papageien. Abenteuerliche Sandstraßen durch dichten Eukalyptusdschungel führen zu abgelegenen Felskämmen, deren Fels dem des Arapiles ähnelt. Nur wenige Wände sind erschlossen, die eindrucksvollsten sind Bundaleer und Mt. Stapylton.
Empfehlenswerte Routen in Bundaleer:
Blimp (21, Verschneidung)
Genesis (24, Riß)
Manic Depressive (25, Dachüberhang)
Angular Perspective (27, Dachüberhang)
Ogive (28, eindrucksvolles, zwölf Meter ausladendes Höhlendach).

Blue Mountains

Ein touristisch und klettertechnisch mehr erschlossenes Gebiet sind die Blue Mountains, 130 Kilometer nördlich von Sydney. Die 20 bis 200 Meter hohen Abbrüche eines zerrisse-

Wolfgang Güllich klettert am Dolch im Schwertteich, Steinwald. ▶

Kurt Albert in „Geschenk Gottes" (VII) am Schwert, einer freistehenden Nadel im Schwertteich. ▶

nen Sandsteinplateaus sind kilometerlang. Der Fels ist nur teilweise gut. In den hausmauerglatten, 30 Meter hohen Klippen des Cosmic County findet man die schönsten und schwierigsten Wege. Andere lohnende Ziele sind der Mt. York und der Mt. Peddington, hier findet vor allem der Normalverbraucher unzählige Klettermöglichkeiten im IV. bis VI. Schwierigkeitsgrad. Wie schon der Name sagt (Blue Mountains), ist die Luftfeuchtigkeit in den dichten Eukalyptuswäldern sehr hoch, deshalb regnet es hier relativ häufig. Die günstigste Jahreszeit für dieses Gebiet (wie für den gesamten Süden Australiens) sind die Monate Oktober und November (australischer Frühling) und März, April (Herbst).

Mt. Buffalo

Die Welt wird im Müll ersticken...!
Knietief stecken wir im Glasshouse Gully, dem Mülldepot für das 'Challet' Hotel, im Dreck. Durch Konservendosen, Glassplitter und verkohltes Gehölz kämpfen wir uns zum Einstieg von „Hard Rain" (21). Nach den scheußlichen Granitrissen am Ausstieg sehen wir uns an. „Hast du auch den Handklemmer nehmen müssen, wo einem der Quarzkiesel schier die Hand durchbohrt?" „Ich hab mich natürlich am Keil gehalten." „Warum hast du das nicht eher gesagt?"
Wenig später sitzen wir den eindrucksvollen, bis zu 300 Meter hohen Granitwänden des Mt. Buffalo gegenüber; wir blättern im Führer und amüsieren uns köstlich beim Betrachten der Routen. „Hier sollte man klettern?!" Der Granit hat große Quarzkiesel, die aus den rundlichen Rissen wahre Reibeisen machen (Tape!). Trotzdem gilt der Mt. Buffalo, der 300 Kilometer nordöstlich von Melbourne gelegen ist, als ideales Sommergebiet bei den Australiern, wobei der ruhige, von Eukalyptuswäldern umgebene Catani-See sicher das Interessanteste ist.

Moonarie

Moonarie liegt am Rand der großen Wüsten 400 Kilometer nordöstlich von Adelaide. Die zerklüfteten Sandsteinfelsen sind Teil des Felskammes, der hufeisenförmig den Wilpena Pound umgibt. Neben vielen natürlichen Linien im unteren Schwierigkeitsbereich gibt es für den Spezialisten die mauerglatte Great Wall, die einige Wege im VIII. Schwierigkeitsgrad aufweist.
Vorsicht: Abgesehen vom fatalen Zustieg (¾ Std.) lauern hier giftige Schlangen, die selbst ein spindeldürres Kletterbein nicht verschmähen.

Weitere Gebiete

Frog Buttress in Queensland: Rhyolitgestein (Risse); Booroomba Rocks bei Canberra: Granit mit steilen Reibungsklettereien.

CHINA

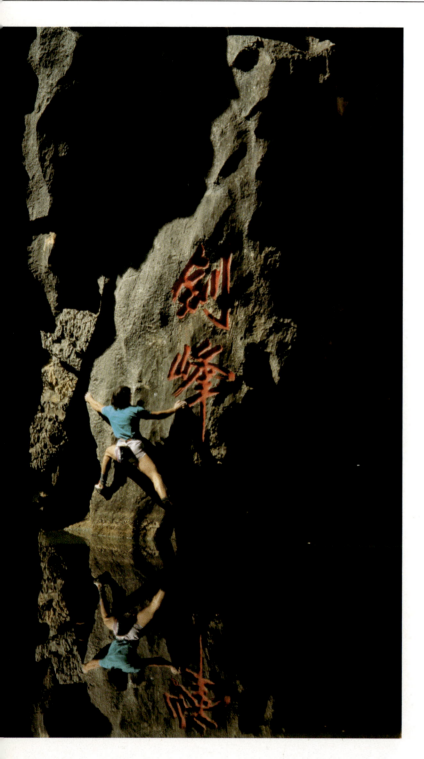

Heinz Zak

Freiklettern in China

Überall auf der Welt finden sich neue Sportklettergebiete. Nachdem es selbst im gebirgsarmen Kontinent Australien ideale Freikletterebiete gibt, erhofften wir uns von China, das zu zwei Dritteln aus Bergland besteht, eine wahre Fundgrube.

Zu viert (K. Albert, W. Güllich, I. Reitenspieß, H. Zak) reisten wir fünf Wochen in vier verschiedene Klettergebiete. Da es keine Informationen über Klettermöglichkeiten gab, mußten wir unsere „Expeditionsziele" aufgrund von Bildern aus Zeitschriften und Büchern festsetzen. Mehrmals wurden wir Opfer chinesischer Phantasie, die aus mancher Maus gern einen Elefanten machte.

Für die schmale Brieftasche ist das Reisen in China leichter als in manchem hochzivilisierten Land. Ein kleines Übersetzungsbuch hilft bei Verkehrs-, Übernachtungs- und Eßproblemen. Geduld, die die Chinesen selbst nicht zu haben scheinen, löst oft Probleme wie von selbst. Nach fünf Minuten stummen Wartens ändert sich oft plötzlich die Lage.

Ende der Welt – Hainan

Kokospalmen und perlweißer Sandstrand auf einer Insel im südchinesischen Meer – exklusive, unberührte Exotik am „entlegensten Platz der Erde", wie die Südspitze Hainans von chinesischen Poeten genannt wird. Riesige Boulderblöcke stehen an jenem magischen Punkt, der die Grenzen des Himmels und der Erde verschmelzen läßt . . .

Dies klang romantisch genug, daß wir alle Strapazen auf uns nahmen, diesen exotischen Traum zu realisieren: Sieben Stunden Dauerstreß im Klapperkistenbus, in dem wir die fern-

Wolfgang Güllich in seiner Route „Ashima" (VIII−).

östliche Lebensphilosophie hautnah demonstriert bekamen. Wir wurden zwar nicht mehrmals wiedergeboren, dafür kam es aber zu mehreren „Wieder-überlebt"-Situationen, für deren Bewältigung unser Busfahrer ein Kamikazestirnband verdient hätte. Die „Blind-ins-Ziel"-Methode unseres Chauffeur hatte Erfolg, weil das Recht des Stärkeren auf unserer Seite lag. Überholt wurde überall, selbst vor der unübersichtlichsten Kurve schreckte unser Held nicht zurück; ein bestimmendes, nervöses Dröhnen der Hupe schien alle Probleme zu lösen.

Nach der Fahrt voller Schrecken kamen wir vom Regen in die Traufe. Die „Wunderboulder", an denen wir vom chinesischen „Midnight Lightening" bis zum „Cocaine Colnel" alles zu finden hofften, eigneten sich vorwiegend als Background für „Camel"-Fotos. Trotzdem konnten wir einige gute Boulder aufspüren; den interessantesten nannte ich wehmütig „China Cringe" (VIII−), der mit dem großartigen Bruder im Yosemite jedoch wenig gemeinsam hatte. Der Granit war an der Oberfläche stark verwittert und blätterte in Schuppen ab − ein unlieber Nervenkitzel bei einer Blockhöhe von etwa sieben Metern. Nach zwei Klettertagen waren unsere Finger durchgeklettert: Der rauhe, vom Meeresdunst schmierige Granit und die tropische Schwüle hatten uns die Haut von den Kuppen gezogen. Frische Kokosmilch, Ananas und lukullische Spezialitäten aus Meerestieren hätten uns über die Pleite hinweggetröstet, wenn wir nicht schon Durchfall gehabt hätten...

Guilin

Nachdem uns chinesische Dichter die „schönsten Berge und Flüsse unter dem Himmel" versprochen hatten, träumten wir auf der 33 Stunden langen Zugfahrt von Beijing von irdischen Phantasien, von Hunderten schlanker

Wolfgang Güllich in der anspruchsvollen Seillänge von „Ohne Fleiß kein Reis" (VIII). So nannten wir diese schöne Wandkletterei am freistehenden Turm neben dem Pagodenhügel.

Karsttürme, die malerisch einen türkisgrünen Fluß säumen, auf dem Fischer mit ihren Kormoranen auf Jagd gehen. Das Erwachen war bitter: keine Karstberge, keine Kormorane. Die abendliche Kormoranenshow für Touristen war schlimmer als jeder Tirolerabend. Auf Fahrrädern klapperten wir die verstreut liegenden Berglein ab, um lohnende Wände zu entdecken.

Unser erstes Ziel war der Elefantenrüssel; eine runde, im Wasser stehende Kalksäule wird durch eine eiförmige Höhle vom Massiv getrennt und erinnert ohne besondere Phantasie an einen Elefanten, der gerade aus dem Fluß trinkt. Kurt fand einen luftigen Weg über den Pfeiler, wobei er in der Schlüsselstelle direkt am Rand der Höhle hing. Der treffende Name „Elfenbein" (VII+) bezieht sich entweder auf Kurts grazile Fußtechnik oder auf seine weißen Beine.

„Ohne Fleiß kein Reis" (VIII), wie wir eine andere Route nannten, bezieht sich eher auf die ausgedehnten Suchaktionen nach Felsen als auf den Schwierigkeitsgrad des Weges. Alpin war die erste Besteigung des freistehenden, fünfzig Meter hohen Turmes. Unter Kurts Last brach der Gipfel zusammen – ein riesiger Block warf mich beinahe hinunter. Nachdem wir vier Bohrhaken gesetzt hatten, führte Wolfgang diese anspruchsvolle Seillänge.

Zu spät entdeckten wir ein Dachproblem, das wir in der kurzen Zeit vor dem Abflug nur noch a.f. (frei, aber mit Ausruhen an den Haken) klettern konnten.

In einem offenen Bus ratterten wir über Sandstraßen in das landschaftlich reizvollere Yangshuo, wo die Karstberge noch bewaldeter sind. Der farbenprächtige Markt in Fuli lohnte unsere Anstrengungen: Ein blaugrünes Menschenknäuel pulsierte durch die engen Marktgassen, in denen neben Lebensmitteln aller Art (Schlangen, Katzen, Hunde, Schildkröten

◀ Am Elefantenrüssel, dem Wahrzeichen von Guilin, klettert Kurt Albert in seiner Route „Elfenbein" (VII+).

etc.) auch interessante Berufsgruppen vertreten waren. Für mein altes Zahnarzttrauma erhielt mein Gehirn eine neue anregende Szene, die künftigen Phantasien ein noch viel reicheres Repertoire bieten wird: Mit einem Fußpedal wie bei Uromas Nähmaschine betätigte der gute Mann eine Schleifscheibe von eineinhalb Zentimetern Durchmesser, die gnadenlos mit herzerweichenden Tönen im Mund des Opfers rotierte. Als der Arzt meine Fotoabsicht bemerkte, schenkte er mir ein ausgiebiges Lächeln, während die Scheibe planlos am Zahn weiterarbeitete.

Buoux ad absurdum: Lotus Mountain

Wir staunten nicht schlecht, als sich die vermeintlichen Granitfelsen als Sandsteinbruch entpuppten – nach den Poeten und Malern hatten uns jetzt die Fotografen reingelegt. Schon wollten wir das Gebiet als hoffnungslos aufgeben, da entdeckten wir Sprenglöcher, die begeisternde Linien durch die aalglatten, bröseligen Wände zeichneten. Wenn in Frankreich Griffe geschlagen werden, so konnten wir hier ruhig die ohnehin vorgegebenen Löcher verwenden.
Nach zwei Tagen hatten wir genug von dieser eintönigen Art der Kletterei. Natürliche Linien hätten wir sehr gut putzen müssen, und dazu blieb uns keine Zeit mehr.

Ausflug ins Märchenland

„Steinwald – von Gott geschaffenes Naturwunder", lautet die Inschrift an einer zwanzig Meter hohen Karstsäule, die den Eingang zu diesem schwarz-grau melierten Nadelkissen aus Stein bildet.
Verwinkelte Gänge durchziehen ein undurchschaubares Labyrinth wunderlicher Formen: Riesige Pilze, Schwerter, versteinerte Tiere und Fabelwesen führen die Phantasie in ein Märchenland aus Tausendundeiner Nacht. Messerscharfe Kanten (Kantenradius drei bis acht Millimeter!) und gutgriffige Kalkwände laden zum Klettern in diesem Spielgarten ein. Um die natürliche Umgebung nicht zu zerstören, beschränken wir uns in diesem sicherungsfeindlichen und leider nicht sehr verläßlichen Karstgestein auf Toprope- bzw. Solowege. Gipfelsturm auf das Schwert.

Ob Sportkletterer oder Alpinist, für mich gibt es wenige Gipfel, deren Besteigung mich reizen würde. Unabhängig von Höhe und Schwierigkeit beeindrucken mich vor allem Form und Umgebung eines Berges.
Hier aber war eine Ausnahme: Seit drei Tagen umkreisen wir wie beutewitternde Tiger den Schwertteich. Wie in der Artussage scheint eine unsichtbare Hand ein Schwert aus Stein inmitten des Sees zu halten: „Excalibur" bleibt unnahbar, unbesiegbar; zu wenig ritterlich sind unsere schnöden Eroberungsgedanken, als daß es uns in die Hand springen würde. Wir haben zwar kein Trojanisches Pferd, in dem wir in unserem Fall einfach hinüber paddeln würden, dafür aber eine List. Ein Friend, verankert an der Spitze eines fünf Meter langen Bambusrohres, soll in der einzigen Querritze unseres jungfräulichen Berges verankert werden. Das mitgeführte Seil könnten wir dann als Geländer benützen, dem Gipfelsieg stünde nichts mehr im Weg. Leider war Kurts Idee einen halben Meter zu kurz geraten. Plötzlich entbrannte unter uns ein ritterlicher Wettstreit um die Hand der Prinzessin – beziehungsweise um das Schwert. Derjenige dürfte als erster Hand an den Fels legen, der die Verankerung bewerkstelligen könnte ...
Mit Seilwurf konnte ich einen messerscharfen

Zacken einfangen – etwa eine Viertelminute, bevor Kurts zweite Idee erfolgreich war. Nachdem der Arme eine Stunde nach dem Rohr gesucht und eine weitere mit erfolglosen Versuchen verbracht hatte, teilten wir uns den Sieg: Ich legte zuerst die Hand auf den Gipfel, Kurt stand als erster darauf. Hunderte Daumen schossen in die Höhe, lachende Gesichter der zahlreichen Zuschauer drückten Anerkennung aus: Die Chinesen sind vom Klettern begeistert.

Zwei wunderschöne Anstiege waren die Belohnung für unsere Bemühungen: „Das tapfere Schneiderlein" (ich als Zwerg konnte den Riesen überlisten) und das „Geschenk Gottes", dessen Zweideutigkeit uns erst später bewußt wurde. Wir wählten den Namen aufgrund der idealen Griffolge. Die andere Auslegung erlebte Kurt bei der Solobegehung seines Weges: Das geheimnisvolle, trübe Wasser des Sees wollte keine Auskunft geben über versteckte Zacken oder Untiefen. Kurt konnte sich also auch über dem Wasser absolut keine Fehler leisten. Nach der erfolgreichen Solobegehung kletterte er den Weg nochmal für Fotos. Locker zog er an der dünnen Schale, als er plötzlich – „knack" – wie im Zeichentrickfilm in der Luft stand. Mit einem Auerbachsalto und halber Schraube beendete er elegant die unfreiwillige Kür. Der Beifall und die erhobenen Daumen der Chinesen waren ihm sicher.

Auswahl der besten Wege:
„Turtur" (10 Meter hoher Pilz), VI (H. Zak und K. Albert, solo).
„Das tapfere Schneiderlein", VI (Heinz Zak, toprope und solo) am Schwert, freistehender, 15 Meter hoher Turm im Schwertteich.
„Geschenk Gottes", VII (K. Albert, toprope und solo).
„Fixer", VII– (H. Zak, toprope und solo), Riß, der dem Schwert gegenüber liegt.
„Ashima", VIII– (W. Güllich, toprope und solo), freistehender, 15 Meter hoher Turm am See im kleinen Steinwald.
„Auf Messers Schneide", VII (K. Albert), messerähnliche Kante südlich des Pavillon.
„Südliches Tor im Himmel", IX– (H. Zak, toprope), linke Kante nach dem Eingang.
„Höllentor" VIII–/VIII (K. Albert, toprope), Kante rechts vom Südlichen Himmelstor.

Begriffserklärung

a.f.	Durchsteigung einer Route mit Ruhen an den Sicherungen.
A0-A5	Künstliche Kletterei; Sicherungspunkte werden zur Fortbewegung benützt.
Big Wall	Route mit vielen Seillängen, die ein oder mehrere Biwaks erfordert.
clean	Begehung ohne Haken und Bohrhaken; die Sicherung erfolgt durch Klemmkeile, Schlingen oder Knoten.
crux	Schlüsselstelle einer Route
flash	Der Kletterer ist die Route vorher selbst noch nicht geklettert, hat aber durch Zuschauen bzw. Erklärung von Griffolgen wichtige Informationen, die die Begehung erleichtern, erhalten.
Freiklettern	Sportklettern — bedeutet nicht klettern ohne Seil, sondern Durchstei-

◀ Heinz Mariacher in „Via Margherita", Lumignano, Italien.

◀ Aus den gelben Kornfeldern der Wimmera-Ebene erhebt sich die fünf Kilometer lange Klippe des Mount Arapiles, Australien.

◀ Francisco Blanco und Finuco Martinez beim Bouldern in Joshua, USA.

◀ Der „Delicate Arch" ist eine der schönsten Naturbrücken im Arches National Park in Utah, USA.

◀ Kurt Albert beim 6000-km-Bouldermarathon an der Chinesischen Mauer

Gewitter am Shiprock in der Wüste von Arizona, USA.

	gung einer Route in einer der aufgeführten Stilformen (siehe auch Rotpunkt).
Friend	Verstellbares Sicherungsmittel, das sich der Rißbreite anpassen läßt.
Hangdogging	Nach einem Sturz läßt sich der Kletterer nicht zum Ausgangspunkt zurück, sondern übt an der Sturzstelle von neuem.
Klemmkeil	Keilförmiges Metallstück, das als Sicherungsmittel dient.
on sight	Sturzfreie Begehung einer unbekannten Seillänge. Alle Sicherungen werden aus der Kletterstellung gelegt bzw. eingehängt; geruht wird nur an natürlichen Punkten (z. B. auf einem Band).
Rotpunkt	Sturzfreie Begehung einer bekannten Route; alle Sicherungen werden aus der Kletterstellung plaziert.
Rotkreis	Nach einem Sturz wird das Seil nicht abgezogen; beim nächsten Versuch ist der Kletterer also bis zur letzten selbstgelegten Sicherung von oben gesichert.
Runner	Sicherungsmittel, das einem Klemmkeil entspricht.
runout	Weiter Abstand zwischen den Sicherungspunkten.
solo	Alleinbegehung ohne Seil
TechnoRoute	Eine Route, in der Haken, Klemmkeile etc. auch der Fortbewegung dienen.
toprope	Durchsteigung einer Route mit Seilsicherung von oben.
yo-yoing	Rotkreisbegehung

Wolfgang Güllich

Vergleichende Schwierigkeitstabelle

Obwohl es nicht möglich ist, beim Klettern die Schwierigkeit einer Tour objektiv zu messen, haben verschiedene Kletterzentren im Lauf der Jahre Bewertungsskalen hervorgebracht. Es ist keineswegs einfach, die verschiedenen Skalen vergleichend nebeneinanderzustellen, da Kletterstil, Ethik und Gestein der jeweiligen Gebiete unterschiedliche Anforderungen an das Können eines Kletterers stellen. Besonders schwierig gestaltet sich der Vergleich mit der Bewertungsskala der Elbsandsteinrouten, da das sächsische Klettern besonders an die Psyche (lange Run-outs) hohe Ansprüche stellt. Auf unserer Skala entsteht zwar der Eindruck, der Kletterstandard in der DDR sei deutlich niedriger als anderswo. Dies trifft jedoch nur auf die klettertechnischen Anforderungen zu, nicht auf die Gesamtanforderungen, die eine Route stellt. Die englische Schwierigkeitsbewertung ist besonders kompliziert. Die erste Zahl gibt den technischen Schwierigkeitsgrad der schwierigsten Stelle an; der sogenannte *E-grade* ist schließlich eine Gesamtbewertung, die sowohl die Länge der Route, als auch athletische und psychische Anforderungen berücksichtigt. Obwohl der Schwierigkeitsgrad als Grundlage zum Leistungsvergleich notwendig ist und dem Kletterer als Maßstab seiner eigenen Leistungssteigerung dient, sollten doch Stil und Methode der Bewältigung einer Kletterroute im Vordergrund stehen. Die „Flash-Begehung" einer leichteren Route zeigt das Können eines Kletterers deutlicher als der Erfolg bei einer Route im IX. Grad, der sich erst nach wochenlangem Einüben einstellt.

Vergleichende Schwierigkeitstabelle

UIAA-Skala	Frankreich	USA	England	Australien	DDR
III	III	5.5	4a	12	
IV	IV	5.6	4b	13	
V	V	5.7		14	
V+			4c	15	
VI−	V+	5.8		16	VIIa
VI	6a	5.9	5a	17	VIIb
VI+		5.10a	5b	18	VIIc
VII−		5.10b		19	VIIIa
VII	6b	5.10c	5c	20	VIIIb
		5.10d		21	
VII+	6c	5.11a	6a	22	VIIIc
VIII−		5.11b		23	IXa
VIII	7a	5.11c		24	IXb
		5.11d		25	IXc
VIII+	7b	5.12a	6b	26	Xa
		5.12b			
IX−	7c	5.12c	6c	27	
IX		5.12d		28	
IX+	8a	5.13a		29	Xb
X−		5.13b		30	
X	8b	5.13c	7a	31	
X+		5.13d		32	

Register

A
Abegglen, Peter 173
Accomozzo, R. 84
Adams, Ansel 61
Affensteine 31
Albert, Kurt 74, 117 f., 122, 126, 129, 133 f., 147, 149, 190, 193, 196 f., 208
„Alien" 74
Allen, Bryden 177
Allen, John 36 f., 40, 44
Altmühltal 120, 122, 136, 138, 141
„Amarcord" 167, 170
Amazonenfels 136
„Angular Perspective" 186, 188
Annweiler 134
„Anxiety Neurosis" 182, 184
Apron 70
Apt 156 f.
Arapiles 175, 177, 180 ff., 184, 186, 188
Arches National Park 208
Arco 35, 141, 158, 164 f.
Arena 141 f.
Arizona 208
Arnold, Bernd 17, 20 ff., 28 f., 32 f.
„Ashima" 192, 197
Asselstein 135
„A Statement of Youth" 48, 55
„Asteroid Crack" 84 f.
„Athos" 153
Atkinson, Martin 35, 45, 48
„Atlantis" 136
„Atomic Cafe" 160
„Audial by Fur" 177
Austin, Alan 36
Ayers Rock 7

B
Bachar, John 61, 74, 84 f., 88, 90, 110, 122, 127
„Bachar-Yerian" 75
Bärenhörner 31
Bätz, Norbert 37, 134
Baierbrunn 121
Balmkopf 172
Bancroft, Steve 37, 40
Barbarine 30
Barber, Henry 101, 169, 177
Barford, J. E. 35
Barker Dam 80, 84
Basler Jura 169 f., 172 f.
Bastille 106

Baudisch, Walter 20
Beijing 192
Beilke, Jörn 20
Bérault, Patrick 145, 165
Bern 170
Berner Oberland 172
Bichlbauer, Stefan 142
Bielatal 30
Bienenkorb 138
Bishop 117
Black Hills 102, 107
Blanco, Francisco 111, 208
Blautal 121
Bloßstock 17, 31
Blue Mountains 177, 188
Bockmattli 167, 169
Bösch, Röbi 170
Booroomba Rocks 189
Bouldern 108 ff., 134, 147
Bouvier, Jean Pierre 145 f.
Boysen, Martin 36
Bragg, John 101
Brandgebiet 29
Brandkegel 30
Breitnollen 173
Bric Pianarella 165
Bric Sporentaggi 165
Bridwell, J. 122
Brosinnadel 17, 31
Brown, Joe 35 ff., 40
Bundaleer 188
„Buntschillernde Seifenblase" 20
Buoux 6, 151, 153, 156 f., 196
„Butterfingers" 71
Buttermilkboulder 117

C
Calanques 152
Calcogne, G. 165
Canberra 189
Carrigan, Kim 175, 177, 182, 184
Cassara, Emanuele 160
Cassis 152
Catani-See 189
„Catchy Corner" 74
„Chain Reaction" 94, 97
„Chasin' the Trane" 122, 124, 127, 139
Chaspifels 173
Chee Dale 58
„Chimes of Freedom" 41
Chinesische Mauer 208
„Chouca" 145, 157, 167
Chuenisberg 172
Chur 169
Cloggy 36, 44, 58
Clune, Russ 101
Coldwell, Jim 107
Collins, Jim 106
Colodri 165

Colorado 99, 106
Columbia Boulder 110
„Conan the Librarian" 44
Confines 157
Cookie Cliff 67, 71
Coppo, G. 165
Cornwall 36, 59
Cosmic County 189
Cozzolino 161
Crew, Peter 36
Cromlech 41, 44
Crooked River 94, 99
Curber 44

D
Dahn 134
„Dancing dalle" 157
Dawes, Johnny 44 f., 48, 51, 54
„Delicate Arch" 208
Derbyshire 35 ff., 44
„Devil's Crack" 118
Devil's Lake 107
„Diamond Dogs" 90
Dianas Cromlech 58
Dietrich, Otto 32
„Dohle Jonathan" 167, 170
Dolphin, A. 35
„Dominatrix" 36
Donaudurchbruch 136, 138
Donautal 136
„Dream Topping" 58
Drei Felsen 135
Dreifingerturm 30
Drei Zinnen 136
Droyer, Jean Claude 145
Drummond, Ed 36
Drusenfluh 170
Drusenturm, Großer 170
Dschungelbuch 141 f.
Dunne, John 48

E
„East Face" 91, 97
„Edge Lane" 44
Edlinger, Patrick 143, 145 f.
Edwards, M. 35
Eggenberger, Vital 170
Eidechsenwand 138
Einstein, Albert 126
Elbsandstein 7, 17, 21, 26 ff. 121, 126, 129, 209
Elbwände 31
El Capitan 61, 63, 66, 90, 100
Eldorado Canyon 61, 84, 106
„Electric Africa" 75
Elefantenrüssel 193, 196
„Elfenbein" 193, 196
Elsaß 134, 136
Enserer, Christian 141

En Vau 152 f.
„Equinox" 80, 84, 88
Ericson, Jim 106
Erta 164
Erzgebirge 26
Ewbank, John 177
„Exorzist" 122, 127, 138

F
Falaise Aignebrun 156
Falkenstein 17, 20, 22, 30, 32
Fawcett, Ron 37, 44 ff., 122
Fehrmann, Rudolf 17, 20
Feligno 165
Fietz, Flipper 121, 134
„Fight Gravity" 129 f., 133
Finale 6, 160 f., 165
„Flashdance" 164
Fleischbankpfeiler 158
Fleischmann, Wisi 170
Fluchtwand 31
Förster 30
Folterkammer 139
Fontainebleau 143, 146 ff.
„Foops" 101
Frankenjura 122, 126 f., 134, 141 f.
Fränkische Schweiz 138
„Freiflug" 142
Frick, H. 17
Friedrichsturm 136
Frog Buttress 175, 189
Froggatt 40, 55
Frogatt Edge 48
Fuli 193

G
„Gaia" 54
Gallo, Andrea 160
Gansfelsen 29
Gebiet der Steine 30
Geislinger Alb 136
„Geschenk Gottes" 197
„Ghettoblaster" 127, 139
Gill, John 61, 107 f., 110
Glacier Point Apron 63
Glowacz, Stefan 138
Godoffe, Jacky 143, 147
Gößweinstein 135, 139
Gogarth 44, 58
Goldstein 31
Gordale 44 f., 58
Gore, Chris 35, 44
Goudes 152 f.
Graf, Marc 170
Graff, Anton 26
Grampians 175, 186, 188
„Grand Illusion" 61, 97, 175
„Great Wall" (Cloggy) 36, 44 f.
„Great Wall" (Moonarie) 186

211

Register

Grenztürme 30
Griffiths, Christian 106
Grillo, A. 165
Gritstone 35, 37, 40, 44f., 48, 51, 54f.
Großer Halben 30
Großer Wehlturm 33
Großer Zschand 31
Großes Spitzes Horn 31
Gschwendtner, Peter 125, 136, 141f.
Gschwendtner, Sepp 120ff. 156
Güllich, Wolfgang 7, 44f., 50, 58, 63f., 67, 75, 100, 108, 110, 122, 127, 129, 133, 135, 146, 157, 165, 175, 177, 180, 182, 188, 190, 192f., 197, 209
Guilin 192, 196
Guillot, Fabrice 156
Gunks 84

H
Hainan 190
Haldenstein 169f.
Half Dome 63, 67, 100
„Hall of Mirrors" 70
Handegg 169
„Hangdog Flyer" 63, 71
Hargreaves, A. B. 35
Harrison, R. 84
„Haslizontal" 170, 173
Hasse, Dietrich 31
Hatch, Rick 169
Hausener Wand 136
Heidenpfeiler 135
Heinicke, Dietmar 29
Heringsgrund 31
Heringstein 21, 25, 31
Herwald, Hans 169
Hew, Ueli 170
Hidden Valley 80, 84
High Tor 58
Hinteres Pechofenhorn 31
Höllenhund 29
Höllenhundspitze 31
Hörhager, Gerhard 161
Hoggar-Gebirge 7
Hoher Torstein 30, 32
Hohnstein 26, 29
Horrocks, Ian 37
Hrovat, T. 142
Hünig, Walter 20

I
Ilkley 44
„India" 167, 175, 184, 188
Indian Creek 106
Indian Creek Canyon 103, 106

Intersections Rock 88
Ith 134

J
Jacob, Laurent 145
Jardine, Ray 61
Jones, Chris 97
Jortanshorn 31
Joshua Tree 61, 80, 84f., 111, 208
Jovane, Luisa 153
„Julie and Celine go Bolting" 180
Jungfrau 20
Jura 136

K
„Kachoong" 183, 188
Känel, Jürg von 169f., 173
Kamel 134
Kammerlander, Beat 139, 141f.
„Kanal im Rücken" 122, 127, 138
Kanescha, Robert 141f.
„Kansas City" 101
„Karate Crack" 99
Karl, Reinhard 7, 122
Kastlwand 122, 125, 138
Kauk, Ron 61, 64
Keilstein 138
„Kein Wasser, kein Mond" 167
Kiene, Helmut 122
Kilnsey 36, 44, 58
Kirchlispitze 167ff.
Kirkus, C. 35
Kirnitzschtal 30f.
Kleiner Halben 30
Kleiner Zschand 31
Knapp, Ingo 177, 183f.
Kochel 120f., 136
Königstein 26
Konstein 122
Kraus, Th. 172
Kraus, Wolfgang 153
Krauss, Hans 101
Kreuzturm 31
Krokodil 134
Krottenseer Wand 139
Kunming 7

L
Lake District 35ff., 40, 59
Lake Tahoe 97
Lamm, G. 33
Land's End 59
Lange Wand 138
„La Ravage" 172f.
„La Rose et le Vampir" 153, 157
Laub, Hans 121
Laum, Günther 24

Law, Mike 176
Leach, Mark 48f., 55
„Left Wall" 41, 45
Leinleitertal 139
Leis, Hansjörg 90
Leitner, H. 142
LeMenestrel, Antoine 48, 153, 157, 172
LeMenestrel, Marc 146, 151, 157
„Le Minimum" 151
Lenninger Alb 136
Lichtenhain 31
Lilienstein 26
Linnell, M. 35
Livesey, Pete 37, 40f., 44
Llanberries Pass 58
Llandudno 58
Lokomotive 29
„London Wall" 37, 40
Long, John 61, 84f.
„Lord of the Flies" 44, 58
Lorüns 139, 141f.
Lotus Mountain 196
Ludewig, G. 33
Lüerdisser Klippen 134
„Luftschloß" 125
Luger Friedrich 135
Lumignano 160, 208
„Lustgarten" 23
Luzern 169

M
Mack, Sepp 121
„Magnet" 126f., 139
Malham 45, 58
„Manic Depressive" 180, 188
Manolo 158, 160, 164
Manson, Alan 37
Mariacher, Heinz 158, 160f., 164f, 208
Marmolada-Südwand 158
Marseille 152
Martinez, Finuco 85, 88, 110, 208
Martinswand 142
„Masada" 167, 175, 184, 188
Massiv 21, 26
„Master's Edge" 45, 49f., 55
Master's Wall 44f., 58
Matherson, Malcolm 176
McCarthy, Jim 101
McHardy, Alan 36
Meiringen 173
Merced River 64
Messner, Reinhold 161
Meurer, Gebr. 17
Meurerturm 17, 30, 32
„Midnight Lightening" 110, 192

Millstone 37, 49, 51, 54f.
Minks, Pete 36
Mittagsfels 134
„Moderne Zeiten" 158
Mönch 17, 29
Moffatt, Jerry 45, 48, 75, 122, 127, 146
Molar Boulder 111
Monaco 153
Monkey Face 91, 97, 99
Monte Cucco 165
Monte Totoga 160
Montier 170
Montserrat 167
Moon, Ben 35, 45, 48
Moonarie 186, 189
Moorhead, Mark 176
Morgiou 153
Moses Tower 106
Mother Carey's Kitchen 59
Mount Albert 84
Mount Buffalo 189
Mount Peddington 189
Mount Stapylton 188
Mount York 189
Müllerstein 32
„Münchner Dach" 122, 127
Muir, John 61

N
„Nagel mit Kopf" 120
Natimuk 176, 182, 188
„Necronomicon" 157
Needles 102, 107f.
Neue Wildensteinwand 31
New Paltz 100
Niedermann, Max 170
Nikolaustal 164
Nördlinger Ries 136
Nordwales 36, 41, 58
North Stack Wall 45
Novas, John 101
Novas, Peggy 101
Nunn, Paul 36
Nunningen 172

O
Oberau 138
„Offspring" 45, 54
„Ohne Fleiß kein Reis" 193
Olgas 7
Oregon 91, 97, 99
Ormes 58

P
Panoramafelsen 30
„Papi on Sight" 146
Papststein 26
Pasquill, Hank 37
Peak District 45, 55, 58
Peascod, B. 35
Peel, Jerry 37
Pegnitztal 139

Register

Peilstein 141
Pelzmühletal 170
Pembroke 7, 55, 59
Pen Trywn 45, 55, 58
Petit Capucin 170
Pfaffenstein 26, 30
Pfalz 122, 134 f.
„Pferdefuß" 20
„Phoenix" 63, 67, 71, 84
Piola, Michel 170
Piordi, Francesco 169
„Plain Sailing" 55
Pollit, Andy 35, 41, 44 f., 49
„Pol Position" 164
Postelwitz 30
„Problem" 138
Proctor, Tom 36
„Prokul Harum" 180, 188
Provence 150
Prunner Wand 138
„Psycho Roof" 106
Pumprisse 122, 126
„Punks in the Gym" 175, 184, 188
Pywiack Dome 75

Q
Quaderwand 138
Queensland 189

R
Rabenfels 139
Rabenwand 136
Raboutou, Didier 145 f., 157
Rätikon 167 ff.
Raffa, Russ 101
Ramsey, Jim 94
Rathener Gebiet 17, 27, 29, 31
Rauschengrund 31
Rauschenstein 31
Ravens Tor 45, 55
Rebitsch 161
Rebitschrisse 158
Redgarden Wall 106
Redhead, John 44 f., 48
Reitenspieß, I. 190
„Requiem" 156
Reußenstein 136
„Rêve de France" 172
„Rêve de Papillon" 156
„Revelations" 45, 48, 55
Rhein-Main-Donau-Kanal 138
Richard-Wagner-Fels 127
„Right Wall" 41, 45, 58
Roaches 55
Robinson, Mark 101
Rocca di Corno 161, 165 f.
Rocca di Perti 165
Römerwand 138
Rötelstein 135

Rost, Harry 32
Rotenstein 139
Roter Fels 139
Rotsteini 173
Rouse, Alan 36 f.
Rubicon Wall 48

S
Sächsische Schweiz 20, 26
Sahara 7
Salbitschijen 169
Saussois 145
„Sautanz" 122, 124, 126 f., 133, 139
Sawicky, Mike 101
Saxeten 173
Schafberge 167
Schaufels 136
Scheel, Martin 167 ff., 180, 182, 184, 186
Scheffler, Fritz 32
Scheffler, Wulf 32
Schellneckpfeiler 122, 138
Schellneckwand 138
Schiefer Turm 30
Schmid, Patrick 170
Schmilkaer Gebiet 31
Schöne, Harry 32
Schrammstein 20, 30, 32
Schrammtörwächter 30
Schulterfels 136
Schuster, Oscar 17
Schwäbische Alb 136
Schwager 32 f.
Schwarzes Horn 31
Schweitzer, Dani 169
Schwert 196 f.
„Screaming Dream" 48
„Scrittos Republic" 37
Selter 134
„Separate Reality" 7, 63 f., 71
Shawangunks 55, 61, 100 f.
Shepherd, Louise 176, 180
Shiprock 208
Sierra 117
Signer, Richi 169 f.
„Signora delle Apiglii", 164 f.
Silbergeier 168
Skinner, Todd 61
Sky Top 100 f.
Smith, Haskett 17
Smith, Oliver Perry 20
Smith Rock 91, 94, 97, 99
„Sole Fusion" 88
Sommerwand 31
Sonnenplatten 164
Sorenson, T. 84
South Platte 99
Space Wall 59
Spirkelbacher Rauhberg 135
„Split Image" 91

Sportschallenge Rock 84
Stackpole Head 59
Stanage 40, 55
Stannard, John 101
Steiermark 142
Steinwald 7, 196 f.
Steulet, Phillip 170, 172
Stoney Middleton 49
„Strein Gstangel" 141
Strubich, Emanuel 31
St. Victoire 153
Süddakota 107
Südpfalz 121, 169
Suicide Wall 44
Sulzfluh 170
„Sunshine Diheadral" 94
„Supercrack" 101, 106
„Supernadel" 107
„Supernase" 135
„Surveiller et Punir" 153
Sustenpaß 170, 173
„Sylvester" 161
Syrett, John 37

T
Tahquitz 84
„Take it Easy" 139, 142
Talmadge, Eric 170
Talwächter 29
Taylor Canyon 106
Telli 169
Tenaya-See 74, 80
Teufelsturm 20, 31
Tête de Chien 153
„The Bells, The Bells" 45, 59
„The Face" 120, 122, 124, 127, 138
„Thimble" 61, 108
Thomas, Jeff 94
„Thriller" 129
Tobelfels 136
Torwächter 20
Toulon 145
„Traum und Wirklichkeit" 21
Tremadoc 58
Tribout 146
Trient 164
Trifels 135
Troussier, Jean Marc 180
Trubachtal 129, 139
Trunninger, Christine 168, 170, 182
Tuolumne 74, 80
Twentynine Palms 80

U
„Über den Wolken" 28
Ufer, O. 17
„Ulysses" 51, 54 f.
„Upatopie" 170
Uracher Alb 136
Utah 106, 208

V
„Vandals" 100
Veldensteiner Forst 139
Verdon 153, 157, 165, 170
Verlassene Wand 30
„Via Margherita" 160, 208
Vinatzer 161
Vodicka, Wenzel 170, 172
Vorderer Torstein 32

W
Wachbergfelsen 139
Walch, Georg 26, 94, 99, 157
Wales 35 ff., 40, 44, 48
Watts, Alan 61, 84, 91, 94, 97
Wehltürme 29
Weigand, Geoff 177, 181
Weigand, Rolf 31
„Wer ko, der ko" 121
Weserbergland 134
Wienerwald 141
Wiesensteine 30
Wiessner, Fritz 20, 101
Wildensteiner Gebiet 31
Wilder Kaiser 122
Wilderswil 172 f.
Wilpena Pound 189
Wilson, J. 84
Wimmera-Ebene 188, 208
Windstein 136
Wittlinger Fels 136
„Wheat Thin" 67
Whillans, Don 35 ff.
Wolf, Michael 141
Wolfsfalle 26
Wünsche, Herbert 32
Wunsch, Steve 101, 106

Y
Yablonski, John 84, 110
Yaniro, Toni 97
„Yesterday" 180, 188
Yorkshire 35, 37, 58
Yosemite 7, 61 ff., 67, 70 f., 74, 80, 84, 91, 94, 99 f., 129, 141, 169 f., 180, 192

Z
Zak, Angelika 182
Zak, Heinz 6, 24, 55, 61, 70, 74, 80, 88, 100, 106, 108, 136, 141 f., 152, 164 f., 181 f., 184, 186, 190, 197
Zanolla, Maurizio 158, 164
Zingg, Adria 26
„Zombie" 120, 122
Zschirnsteine 26
Zwilling 30
Zyklopenmauer 31

Inhalt

Helden der Bohrmaschine
(Heinz Zak) 6

DDR

Elbsandstein –
an der Quelle des Freikletterns
(Bernd Arnold) 17

Traum und Wirklichkeit
(Bernd Arnold) 21

Klettersport –
was ich dazu zu sagen habe
(Bernd Arnold) 23

Nervenkrebs –
Bernd Arnold
bei einer Erstbegehung
(Heinz Zak) 24

Das Elbsandsteingebirge
(Bernd Arnold) 26

Die zwölf Klettergebiete
(Bernd Arnold) 29

ENGLAND

Klettern in England –
wie es dazu gekommen ist
(Chris Gore) 35

Leben an Kanten
(Mark Leach) 49

Gritstone (Johnny Dawes) 51

Sportklettern auf der Insel
(Heinz Zak) 55

USA

Mekka des Freikletterns
(Heinz Zak) 61

Yosemite – Natur in Dosen
(Heinz Zak) 61

Warum eigentlich Yosemite?
(Wolfgang Güllich) 63

Tuolumne (Heinz Zak) 74

Joshua Tree (Heinz Zak) 80

Reine Gotteslästerung
(John Long) 84

Klettergebiet mit Zukunft:
Smith Rock (Alan Watts) 91

Shawangunks: Bohrhaken
sind tabu (Heinz Zak) 100

Weitere Klettergebiete
(Heinz Zak) 106

Bouldern –
das Spiel mit der Schwerkraft
(Heinz Zak) 108

Bouldern –
eine mystische Kunstform
(John Gill) 110

BRD

Leistungssport, der Spaß macht
(Sepp Gschwendtner) 120

Rote Punkte
im Frankenjura
(Kurt Albert) 126

Solo „Fight Gravity"
(Kurt Albert) 129

Kletterreise durch die
Bundesrepublik Deutschland
(Norbert Bätz) 134

ÖSTERREICH

Sportklettern in Österreich
(Heinz Zak) 141

FRANKREICH

Klettern in Frankreich
(Jacky Godoffe) 143

Fontainebleau –
Kunst in der Vertikalen
(Jacky Godoffe) 147

Die südfranzösischen
Klettergebiete (Heinz Zak) 152

ITALIEN

Sportklettern in Italien
(Heinz Mariacher) 158

Der Fels – ein Turngerät
(Heinz Mariacher) 161

Topklettergebiete Italiens
(Heinz Zak) 164

Fasching zu Weihnachten
(Heinz Zak) 165

SCHWEIZ

Ein Tag im Rätikon
(Martin Scheel) 167

Spitzenklettern in der
Schweiz (Martin Scheel) 169

AUSTRALIEN

Es gibt hier keine Berge
(Kim Carrigan) 175

Australischer Kletterstil
(Geoff Weigand) 177

Die Entwicklung
(Kim Carrigan) 177

Ziemlich relaxed . . .
(Geoff Weigand) 181

Tagträumer und Abenteurer
(Wolfgang Güllich) 182

Bedeutende Klettergebiete
(Heinz Zak) 186

CHINA

Freiklettern in China
(Heinz Zak) 190

Begriffserklärung 208

Vergleichende
Schwierigkeitstabelle
(Wolfgang Güllich) 209

Register 211

Bildnachweis 216

Bildnachweis:
Kurt Albert 148. Sven Bloßfeld 147, 149. Neil Foster 38. Archiv Häntschel 20. Gerd Heidorn 100, 127, 133, 135, 146, 158. Bernd Hilpert 172. B. v. Känel 171, 173. Françoise Lepron 144. Heinz Mariacher 8/9, 155, 163, 164. Frank Richter 22, 23, 28, 30. Martin Scheel 169. A. Thionnet 143. Christine Trunninger 168. Georg Walch 152. Angelika Zak 2, 10/11, 40, 53, 56, 89, 105, 136, 176, 181, 186. Heinz Zak 5/6, 12/13, 14/15, 17, 18, 19, 21, 24, 25, 26, 27, 32, 35, 36/37, 39, 41, 42, 43, 45, 46, 47, 48, 49, 50, 51, 52, 57, 58, 62, 62/63, 64/65, 66, 67, 68, 69, 70, 71, 72, 73, 74, 75, 76, 77, 78/79, 81, 82/83, 85, 86, 87, 90, 91, 92/93, 94, 95, 96, 97, 98, 101, 102, 103, 104, 108, 109, 110, 111, 112, 113, 114/115, 116, 119, 120, 121, 123, 125, 126, 128, 132, 134, 137, 138, 140, 141, 142, 150, 151, 152/153, 153, 154, 156, 157, 159, 160, 161, 162, 165, 167, 175, 177, 178, 179, 180, 181, 182, 183, 185, 187, 190, 191, 192, 193, 194/195, 198/199, 200/201, 202/203, 204/205, 206/207, 208.

Vorderer und hinterer Vorsatz: Grand Canyon, USA. Foto: Heinz Zak.

Bergverlag Rudolf Rother GmbH, München
Alle Rechte vorbehalten
1. Auflage 1987
ISBN 3-7633-7240-7
Lektorat: Helmut Krämer
Graphische Gestaltung: Angelika Zak, Helmut Krämer
Vierfarbreproduktionen: Ifolith, Innsbruck
Einfarbreproduktionen: Brend'amour-Simhart, München
Hergestellt im Graphischen Betrieb Bergverlag Rudolf Rother GmbH, München
2147 / 6248

Der Großteil der Bilder entstand mit folgender Ausrüstung:
KAMERAS: Nikon FE, Nikon FE2.
OBJEKTIVE: Nikkor, 1:3.5, 20 mm; Nikkor, 1:2.8, 28 mm; Nikkor, 1:1.8, 50 mm; Nikkor Zoom, 1:4, 80–200 mm.
FILMMATERIAL: Kodak Ektachrome Professional 64; Kodak Ektachrome 100; Kodachrome 64.